AF609126

Widmung

Ich danke allen, die mich unterstützt und ermutigt haben, dieses Buch zu schreiben. Es ist aus einem erwachenden Bewusstsein entstanden. Ebenfalls bedanke ich mich bei jenen, die das Buch erworben haben. Der Inhalt dieses Buches soll zum Denken anregen und ihnen helfen, sich selbst zu finden. Ich bin kein Vertreter einer bestimmten Religion oder Tradition. Ich halte es für das höchste Gut möglichst im gegenwärtigen Moment, im Sein, zu verweilen. Wer gegenwärtig und so gut wie frei von seinem Ego ist, wird mir sicher folgen können. Dies ist ein Buch für diejenigen, die tolerant und aufgeschlossen sind und die Wahrheit lieben.

HEILIGER GEIST

ERWACHTES BEWUSSTSEIN

DER ROTE WEG

1. Auflage 2015

Autor: HEILIGER GEIST

Umschlaggestaltung, Illustration: tao.de

Printed in Germany

Verlag: tao.de in Kamphausen Mediengruppe GmbH, Bielefeld, www.tao.de, eMail: info@tao.de

Bibliografische Informationen der Deutschen Nationalbibliothek:

Die Deutsche Nationalbibliothek verzeichnet diese Publikation in der Nationalbiografie; detaillierte Daten sind im Internet über http://dnb.d-nb.de abrufbar.

ISBN Hardcover: 978-3-95802-432-8

ISBN Paperback: 978-3-95802-431-1

ISBN e-Book: 978-3-95802-433-5

Inhalt

Seite

Der Weg ist das Ziel 7

Spiritualität 15

Die innere und äußere Reise 16

Meditation 19

Schamanische Philosophie 23

Reinkarnation 26

Das Leiden 28

Die Heilung 30

Bewusste Ernährung 32

Finde Seelenfrieden 33

Buddhismus 35

Der Fahrer 37

Hinduismus 39

Mantras 45

Das Buch der Spiritualität (Gita) 50

Die Gewalten der menschlichen Natur 53

Vier indische Gesetze der Spiritualität 62

Die sieben kosmischen Gesetze 64

Engel und Dämonen 71

Die Verbesserung 73
Die Sonne 75
Bibelgeschichten 75
Daoismus, Konfuzianismus, Buddhismus 77
Islam 82
Der gute Hirte 84
Schamanismus 93
Zurück zum Ursprung 97
Nachwort 103

Der Weg ist das Ziel

Ich möchte allen danken, die mir beim Erwachen meines Bewusstseins geholfen und mich unterstützt haben. Insbesondere bei meinen Eltern und allen Lehren, die mir den Weg gewiesen haben. Auch meinem Schmerzkörper bin ich zu Dank verpflichtet. Ohne dessen Druck wäre es mir nicht geglückt eben dieses Bewusstsein zu erreichen, das nötig war, um diese Seiten zu schreiben. Außerdem möchte ich mich bei allen erleuchteten Seelen bedanken, die mir so viel Arbeit erspart haben und hilfreich waren. Ich habe tief im Archiv gegraben und etliche nennenswerte Weisheiten gefunden, die zur Wahrheitsfindung nützlich sind.

Meist sind es die „falschen“ Inhalte und/oder Strukturen des Denkens, die Leid verursachen. Ich werde dazu noch einige Beispiele nennen. Man kann über das Denken hinausgehen, indem man den Denker beobachtet. Manche nennen es beobachtende Gegenwärtigkeit. Das heißt, man kontrolliert seinen Ego-Verstand und lässt sich nicht vom Verstand kontrollieren.

Allen Erleuchteten, die die Wahrheit lieben und das Licht in die Welt hinaus tragen, sollte man Hochachtung zollen. Ich bin mir sicher, dass dieses Buch jene erreichen wird, die ebenfalls nach der Wahrheit suchen und bereit dafür sind. Man sollte es nicht nur so nebenbei lesen, da man sonst wichtige Inhalte übersehen könnte. Der gedankliche Inhalt einiger Kapitel kann auch als Gegenstand der Meditation dienen.

Diejenigen, die mit Hingabe dabei sind, werden das ein oder andere Satori erleben. Der Begriff Satori kommt aus dem Zen-Buddhismus und ist ein Zeichen vollkommener Präsenz. Das Satori äußert sich durch einen Moment absoluter Gedankenstille und ein Kribbeln im Energiefeld des Körpers, sei es in den Chakren oder nur oberflächlich auf der Haut. Das Gefühl, das es auslöst, geht jedenfalls unter die Haut.

Ebenfalls eine große Hilfe für mich sind die sieben kosmischen Gesetze, auch hermetischen Gesetze genannt, die eigentlich ein kosmisches Prinzip darstellen. Um sie mit dem menschlichen Verstand begreiflich zu machen, wurden sie in sieben Kapitel zusammengefasst. Jene Gesetze erkennt man in allen Religionen wieder, sofern man genau hinsieht. Schlicht und einfach zu verstehen sind auch die vier indischen Gesetze der Spiritualität.

Es gibt auch noch Mischformen von Religionen, wie zum Beispiel den Daoismus, Konfuzianismus, Schintoismus gepaart mit dem Buddhismus, dessen Glaube in Asien stark verbreitet ist. Ich werde sie ebenfalls kurz erläutern. Außerdem gab es schon zu allen Zeiten die Heiler, Seher und Schamanen. Sie waren keine Anhänger einer bestimmten Religion. Die Natur war ihnen heilig und ihre Gottheit.

Ich werde mich von Zeit zu Zeit im Inhalt der Kapitel leicht wiederholen, dies dient zur Vertiefung des Wissens. Manchmal betrachte ich auch ein und denselben Inhalt aus unterschiedlicher Perspektive, um ein vollständigeres gedankliches Bild zu erhalten.

Ich machte mir die Mühe und suchte die Wahrheit in allen großen Weltreligionen. Sie weisen teilweise starke Parallelen in ihrem spirituellen, geistigen Inhalt auf. Aus dem einfachen Grund, dass sie alle der gleichen Quelle entsprangen. Alle Religionsstifter hielten die Moral hoch und wollten Gott den Menschen näher bringen.

Man verzeihe mir meine persönliche Ausdrucks- und Schreibweise. Ich hoffe, ihr könnt mir bei meinen gedanklichen Sprüngen folgen. Ich versuche der absoluten Wahrheit näher zu kommen, indem ich mich der verschiedenen vorhandenen Weisheitslehren bediene. Wenn man auf mehrere Quellen zurückgreifen kann, die alle aufs Gleiche deuten, muss da wohl mehr dran sein. Ich konnte es nicht vermeiden, manchmal das Wort „man" zu benutzen. Aber ich fand einfach keine Alternativen, ohne dass es nicht den Sinn verfälscht hätte. Bei spirituell angehauchten Texten kommt es ja viel mehr auf den Inhalt als auf die äußere Form an. Wie auch bei allem, was lebt, da Gedanken über das Aussehen von oberflächlicher Denkweise zeugen und dem Egoverstand zuzuschreiben ist.

„Diejenigen, die wirklich entsagen, sind die, die nichts vermeiden und auch nichts begehren!" (Krishna)

Ich werde des Öfteren, zu gegebener Zeit, Propheten und Brahmanen zitieren, da sich die annähernde göttliche Wahrheit, Weisheit und Schönheit in ihren Worten widerspiegelt. Ich will es nur jedem in Erinnerung rufen, dass eigentlich alles schon vollkommen ist.

„Seid frohen Mutes und verzaget nicht im Missgeschick!" (Krishna)

Jeder Mensch hat im Grunde das gleiche Potential. In jedem sind die tierische und die göttliche Natur zu finden. Es gilt, sie zu erkennen, wenn sie auftreten. Sofern man sich ihrer überhaupt bewusst ist. Als Jesus sagte, man solle sein Selbst verleugnen, meinte er natürlich die tierische Natur in jenen Menschen. Nur so kann das Göttliche in einem zum Vorschein kommen. Als Anhaltspunkt gilt das Leben der frommen Nonnen und Mönche. Sie sind ein gutes Beispiel dafür, wie die göttliche Natur zum Ausdruck kommen kann. Sie sind weitgehend befreit von weltlichen Dingen und ordnen sich einem Kollektiv unter, in dem sie harmonisch zusammen leben. Der Körper kann das Tor zur Seele öffnen. Durch körperliche Übungen, wie das Yoga, das die Konzentration bei der Meditation unterstützt, kann man das Selbst der Seele finden, das eigentliche JOGA. Doch sollte man beim Yoga nie den spirituellen Aspekt vergessen. Manche sehen es leider nur als Sportart, diese Einstellung „kann" zu Schmerzen führen.

Das Leben. Die Weisen Indiens bezeichnen es als lila, das göttliche Spiel mit den Formen und waren zu früher Zeit der Wahrheit auf der Spur. Eine der schönsten und ältesten, spirituellen Lehren enthalten die Veden. Sie gründen die Bhagavad Gita und die daraus resultierende Religion, den Hinduismus. Wenn man es veranschaulichen will, kann man das menschliche Gehirn als Prozessor und Computer sehen, es kann Werkzeug des Geistes, aber auch des Egos sein. Entscheidend für welche Seite es arbeitet ist wieder der Grad an Gegenwärtigkeit oder auch geistiger Reinheit.

Den Buddhismus, der zur Wahrheitsfindung sehr nützlich ist, wie die vier Wahrheiten und den damit verbundenen edlen achtfachen Pfad, werde ich noch genau beschreiben.

Wenn mich jemand nach dem Sinn des Lebens fragte, würde ich es ihm so veranschaulichen, dass Gott wie ein Gärtner ist, doch hat er es nicht auf materielle Dinge abgesehen, Domäne des Ego, also der tierische Natur, sondern ist tatsächlich nur daran interessiert, dass Bewusstsein wächst, die göttliche Natur. Doch ist es nun einmal leider so, dass man das eine nicht ohne das andere haben kann. Körper und Geist sind eine Einheit, die bei spirituellen Menschen mit einer unsterblichen Seele verbunden ist. Ab einem bestimmten Bewusstheitsgrad kann die Seele mit Geist und Körper kommunizieren. Dazu müssen jedoch die Energiezentren des Körpers aktiviert werden. Dies kann man durch körperliche und geistige Übungen erreichen.

Ich hatte es nie in Erwägung gezogen ein Buch zu schreiben. Doch erstens kommt es anders und zweitens als man denkt. Auf Grund meines Leidensdrucks, suchte ich nach Antworten auf meine Fragen. Durch Aufrichtigkeit zu mir selbst und durch absolute Hingabe an meinen Glauben, fand ich zu mir selbst. Ich bemerkte, wie viel Widerstand das Ego gegen das spirituelle Vorankommen leisten kann. Aber ich ließ mich nicht entmutigen, denn ich wusste, ich war jetzt auf dem richtigen Weg. Geistige Ruhe kehrte langsam ein. Der Schmerzkörper klang ab. Doch da hatte ich mich zu früh gefreut. Ich will keine Geschichte erzählen. Dies soll vielmehr ein Erfahrungsbericht sein, um anderen zu helfen, auf den rechten Weg zurückzukommen oder dort zu bleiben. Man kann sich durch eine bewusste Lebensweise jede Menge selbstauferlegtes Leid ersparen. Leider kommt meistens die Erkenntnis erst im Nachhinein. Aber besser zu spät als nie.

Im Volksmund wird häufig von sogenannten „Fehlern“ gesprochen, die zu „Problemen“ führen. In Wahrheit gibt es weder „Fehler“ noch „Probleme“. Beides sind Lieblingswörter des Egos. Damit es endlos über Inhalt oder Struktur des Denkens kreisen kann. Manchmal sogar sinnlos, weil es kommt, wie gesagt, meistens anders, als gedacht. Deswegen ist es am besten nur dann zu denken, wenn es erforderlich ist und dafür bewusst, wenn möglich. Das spart Energie und man hat Zeit für andere Dinge. Ich würde Fehler eher als einen geistigen Fehltritt, beziehungsweise als Irrtum, bezeichnen. Probleme erzeugt das Ego, um zu lamentieren, zu dramatisieren oder einfach nur um zu denken, im Kreis. Die Folter des Verstandes. Es gibt keine Probleme, sondern nur Aufgaben, die bewältigt werden können. Das sollte man vor allem nüchtern, sachlich und achtsam tun. Optimal funktioniert so etwas mit einem Soll-Ist Vergleich. Also auf gut Deutsch: Wo bin ich? Wo will ich hin? Was muss ich dafür tun? Dann Punk für Punkt abarbeiten. Notfalls für die operative und strategische Planung ein Ablaufdiagramm erstellen. Nur für wirklich große Aufgaben.

„Wissen ist Macht, und nichts Wissen macht auch nichts!“ So könnte sich das Ego dazu äußern.

Man sollte alle Extreme meiden, da sie nicht von Vernunft zeugen. Des Weiteren wäre es ratsam, nie seinen Humor zu verlieren, denn wenn man das Leben zu ernst nimmt, kann es vorkommen, dass man verbittert und verkrampft. Das Leben sieht man dann nicht mehr als Spiel, sondern als Überlebenskampf. Wieder ein anschauliches Beispiel für die durch das Ego bedingte, unkorrekte Struktur des Denkens.

Als Buddha, der Erwachte, vollkommene Erleuchtung erlangte, sagte er zu seinen Anhängern, ihm würde es gefallen, wenn sie ihn statt den Erwachten, den Seienden nennen könnten. Ähnlich wie im Hinduismus die Brahmanen, die sich ebenfalls die Seienden nannten. Ein Brahmane ist im indischen Kastensystem ein Angehöriger der obersten Kaste. Im Hinduismus ist es Vorrecht und Pflicht, Lehrer und Priester zu sein, und daher auch ein religiöser Titel. Weder die Herkunft noch die Weihe und Gelehrsamkeit machen einen Brahmanen aus, allein seine Lebensführung ist entscheidend.

Beide Religionen hatten im Grunde den gleichen Erkenntnisstand, dass der Glaube zu Gott im Zustand der Gegenwärtigkeit zu finden ist. Ihnen war bewusst, dass Vergangenheit und Zukunft im Denken für die menschliche Psyche Leid verursacht. Das Heil des Geistes liegt also darin, möglichst im gegenwärtigen Moment zu sein und geistig zu verweilen. Das Faszinierende ist, dass beide Religionen in etwa im vierten Jahrhundert vor Christus schriftlich erfasst wurden, und das auch noch im gleichen Land. Dies kann wohl kein „Zufall" sein. Es gab in dieser Epoche, im heutigen Indien, eine spirituelle Hochkultur. Zu dieser Zeit gab es schon einmal einen evolutionären Bewusstseinswandel. Vor allem war die menschliche Kultur jetzt so weit fortgeschritten, dass es Wort und Schrift gab, und somit die Weisheiten, Glaubensgrundsätze niedergeschrieben werden konnten. Erstaunlich ist und war, dass sie relativ wenige Menschen ernsthaft befolgen. Das Wissen ist fast für jeden frei zugänglich. Nur ist es wieder so, dass das Ego leider die Lüge liebt. Es werden nur diejenigen dankend die Wahrheit annehmen, die sich nicht von ihrem Ego beherrschen lassen und außerdem die Wahrheit lieben.

„Ich bin der Weg, die Wahrheit und das Leben“. (Jesus)

Ebenfalls im vierten Jahrhundert vor Christus entwickelte sich im heutigen China der Daoismus. In dessen Glauben geht es ebenfalls um den Weg der Harmonie und über die Weisheiten des Lebens. Dazu später noch mehr. Meine Theorie ist die, dass alles Leben auf der Erde kosmischen Ursprungs ist. Wenn man der Wissenschaft Glauben schenken darf, haben Meteoriten die Bausteine des Lebens vor geraumer Zeit auf die Erde gebracht. Es entwickelten sich unzählige Formen von Leben und damit auch Bewusstsein. Als dann der Mensch in Erscheinung trat, war so viel Bewusstsein vorhanden, dass sie sich auch Gott bewusst wurden. Es sind einfach zu viele Faktoren notwendig, dass Leben entstehen kann. Deswegen kann das Leben auf der Erde kein „Zufall“ sein. Als die Menschen dies erkannten, entwickelten sie ein göttliches Gewahrsein, so dass die einzelnen Religionen entstanden, die alle den gleichen Ursprung haben wie das Leben selbst. Wie sehr man meiner Theorie Glauben schenken darf, muss jeder für sich selbst herausfinden. Jeder darf und kann denken, glauben und handeln, was und wie man es für richtig hält. Jedem sind seine Entscheidungen frei überlassen. Doch sollte man sich bewusst sein, das jede Entscheidung eine gewisse Wirkung hat, die das persönliche Karma bestimmt.

Spiritualität

Das Wort Gott ist im Laufe der Geschichte schon oft missbraucht worden. Mir ist tatsächlich Schöpfer allen Seins oder Allmächtiger auch lieber, da er alles, was man mit den Sinnen erfassen kann, mit seiner bloßen Gedankenkraft erschaffen hat. Irrtümlich führen sie in seinem Namen Kriege. Ich bin mir sicher, Gott ist nicht an Mord und Totschlag interessiert, oder persönlichen Interessen. Es müsste heißen: „Ein Planet - eine Nation - ein Weltgeist". Gott schuf die Zeit, der Teufel den Kalender, oder Gott schuf die Erde und der Teufel die Landesgrenzen. Doch machen einige ihr „kleines ich" (Ego) zu ihrem Gott und beten unbewusst sich selbst an und sind der Ansicht, ihre Interessen seien die Interessen des Allmächtigen. Manch einer lastet sogar der göttlichen Natur alles Unheil der Welt an. Jedoch vergessen sie das Ego, das immer in Schmerzen zu bezahlen ist, in welcher Form auch immer.

Wo kein Licht, da kein Schatten.

Die göttliche Natur manifestiert sich meistens durch das persönliche und kollektive Bewusstsein und die tierische Natur manifestiert sich durch das persönliche und kollektive Ego der Menschen. Doch keine Sorge, jeder ist für sich selbst persönlich verantwortlich. Sie vergessen das Gesetz des Karmas, Ursache und Wirkung. Die große „Rechnung" bekommt jeder irgendwann, spätestens beim Tod gibt es eine Zwischenbilanz (Karma). Das Schlimmste ist Konkurs, zu wenig gute Werke. Zu großer Reichtum, oder ein zu großer Intellekt sowie dessen Gegenteil, „können" ebenfalls ein Hindernis beim spirituellen Reifeprozess sein. Man steht sich selber im Weg, da man sich entweder im Materialismus oder in seinen Gedanken verliert (Inhalt und Struktur des Denkens).

Wenn man im vergangenen Leben viel Bewusstsein angesammelt hat, kann es passieren, dass man einen „Bewusstseinssprung“ erlebt (spirituelles Erwachen) und, durch entsprechende Lebensweise, sein Ego überwinden kann. Man kann sein Ego durch spirituelle Übung und Techniken überwinden, wie zum Beispiel durch Präsenz im Denken. Auch jede Form der Angst, sei sie dir bewusst oder unbewusst wahrgenommen, wird von deinem Ego erzeugt, um Macht auf dich auszuüben. Das Ego kann einen somit vom rechten Weg abbringen oder aufhalten. Deswegen seid achtsam, denn Hochmut kommt bekanntlich vor dem Fall.

Die innere und äußere Reise

Lasst mich schildern, wie ich wieder zu Gott gefunden habe. Ich war kein Kind von Traurigkeit und bin vom rechten Weg abgekommen. Ich war der Auffassung, ich glaube an nichts, was ich nicht sehen kann. Bis ich meinen Schmerzkörper kennen lernen durfte, den man auch nicht sehen, aber dafür eindeutig fühlen konnte. Zu der Zeit konnte ich es kaum glauben. Ich konnte nicht begreifen, wieso mir aus unersichtlichen Gründen mein Körper Schmerzen bereitet. Dann begann ich darüber nachzudenken, was mit mir los ist. Ich fand keine rationale, logische Erklärung dafür. Dann kam es dazu, dass mir eine Vertrauensperson begegnete, die mich nicht gleich für verrückt hielt. Sie war Ernährungsberaterin und riet mir, mich gesünder zu ernähren, regelmäßig zu meditieren und langsam kam Licht ins Dunkel. Seid gewarnt vor immer wiederkehrenden „dunklen Träumen“. Träumen, die starkes Unbehagen erzeugen. Ich hatte sie am Anfang total ignoriert. Erst als ich an Gegenwärtigkeit gewann, kamen sie mir ins Bewusstsein. Mein reiner

Geist (Seele) versuchte mich durch diese Träume zu warnen. Ich kann nur bestätigen, dass negatives Denken und tiefe Unbewusstheit große Schmerzen verursachen. Dies war der Zeitpunkt, an dem ich anfing, um Vergebung zu beten. Ich wusste, dass ich an Erkenntnis dazugewinnen musste. Ich hatte sowieso ein neues Hobby gebraucht. Ich streckte meine Fühler in alle Richtungen aus. Und aus der Raupe wurde ein Schmetterling, als ich die buddhistische Lehre für mich entdeckte. Dann gab mir auch noch einer „die Kraft der Gegenwart" und ich wurde Feuer und Flamme. Nun lebte ich voller Hingabe meine Spiritualität aus und mein neu erlangtes Gottvertrauen. Ich wusste jetzt, ich krieg die Kurve. Haderte zwar immer noch mit mir, doch ich war jetzt positiver und optimistischer gestimmt und kannte mein Ziel.

Ich machte Urlaub und wollte mindestens drei Tage ein historisches buddhistisches Kloster besuchen und mir Rat holen. Doch dazu kam es nicht. Ich hatte einen Unfall. Als ich nachts fern der Heimat im Krankenhaus im Rollstuhl saß und vor lauter Schmerzen nicht schlafen konnte, ertönte in der Gegend eine Tempelglocke. Heute weiß ich, es war keine schmerzbedingte Halluzination, sondern in manchen buddhistischen Klöstern wird um drei Uhr dreißig der Gong zum Morgengebet geschlagen. Mir wurde bewusst, dass das die Sühne war. Dafür, dass ich jahrelang dem falschen Gott gehuldigt hatte, meinem Ego. Dass ich jahrelang meine Umwelt mit negativen Gedanken verschmutzt hatte und damit mir und anderen unbewusst Leid zugefügt hatte. Das Ego ist immer in Schmerzen zu bezahlen. Dennoch wurde mir vergeben. Ich wurde heim nach Deutschland gebracht und konnte nach einigen Monaten wieder selbstständig stehen und gehen. Mir kam es so vor, als wurde ich von einen Dämon befreit. Halleluja! Ab diesem Zeitpunkt wusste ich, dass nichts zufällig und ohne Grund passiert. Ich wusste, ich bin für alles selbst verantwortlich, was mir widerfährt. Es gibt nur eins zu tun, die Lektion zu lernen und die Hausaufgaben zu machen.

„Ertrag es mit Geduld, schnell und wechselnd ist es, das Leben.“ (Krishna)

Ich danke dem Allmächtigen für seine Gnade.
Und welch großes Glück ich hatte, noch am Leben zu sein.
Ich danke nochmal ausdrücklich allen erleuchteten Seelen. Ich glaube, sie haben mir mit den Weisheiten geholfen meinen Geist zu retten und mir somit einige Jahre der Folter erspart. Ich würde strickt davon abraten, sich selbst bewusst Schmerzen zu zufügen, wie es zum Beispiel im Christentum oder auch im Hinduismus der Fall ist. Die Sühne ist vergebens, wenn nicht Gott seinen Anteil hat. Es macht keinen Sinn, sich selbst bewusst zu foltern. Als abstrakter anschaulicher Vergleich: Es ist wie eine Gerichtsverhandlung, nur ohne Richter und ohne „bösen“ Staatsanwalt. Das heißt, man sollte nicht über sich selbst richten oder urteilen, auch wenn einen das „schlechte Gewissen“ plagt. Ist das Gewissen der unbewusste Sinn für Gerechtigkeit? Der Gegenpol zum Ego?

Im Volksmund heißt es: „Wo kein Kläger, da kein Richter.“ Doch irgendwann ist jeder Gott Rechenschaft schuldig! Die Sühne die gerecht ist, sie kommt ohne euer Zutun. Es gilt, nur demütig und voller Hingabe seine Glauben zu leben und sein Herz zu lieben. Der Körper ist unser Haus, nur ein zutiefst unbewusster Mensch würde sein eigenes Haus demolieren oder es zerstören, aus eigener Kraft.

„Auch des Körpers Wohl erfordert Werke, vor allem bedarf es des Werkes der Heiligung.“(Krishna)

Die Geißelung findet im Kopf statt, durch Entsagung ausschweifender sinnlicher Gelüste. Du musst nichts entbehren und opfern, du sollst nur darauf verzichten, was dir und anderen Wesen Schaden bringt. Man bedenke nur, wie viel Freude ein menschlicher Körper machen kann: Der feine Genuss von köstlichem Essen und Trinken. Beim Ausdauersport, wo er Glückshormone im Gehirn produziert. Beim Tanzen, Singen und Musizieren. Der Körper ist ein Tor zur göttlichen Natur eines Menschen, wenn er frei von Begierden ist und regelmäßig meditiert.

Meditation

Um spirituell zu reifen und mehr Klarheit und Kraft in den Gedanken zu bekommen, kann es von Vorteil sein, regelmäßig zu meditieren. Man bewirkt dadurch nicht nur eine Unterbrechung im unkontrollierten Gedankenfluss, sondern auch das Öffnen der Energiepunkte und Bahnen im Körper. Ist man bei der Meditation völlig präsent, kann man die eigene Präsenz förmlich spüren, in Form eines subtilen Kribbelns (Satori). Je häufiger jemand meditiert, desto einfacher wird es für ihn einen Zustand der Gedankenlosigkeit zu erreichen. Es ist ein Gefühl der Leichtigkeit, die Last des „Ego“, Verstandes, fällt von einem ab. Die tierische Natur tritt in den Hintergrund und die göttliche kann scheinen. Kurz zur Erörterung; es gibt sieben Haupt-Chakren. Deren Bedeutung:

Scheitel-Chakra: Gewahrsein, göttlicher Wille

Stirn-Chakra: Denken, Intuition, Imagination

Hals-Chakra: Lehren, Lernen

Herz-Chakra: Erhalten, Versorgen, Lieben, Heilen

Milz-Chakra: Eindrücke verdauen, gefühlsmäßige Intuition

Sakral-Chakra: Vergangenheitsbewältigung

Wurzel-Chakra: Lebenswille

Hier und jetzt noch einige Randinformationen zum Aufbau des Chakren-Systems. Anhand der folgenden Informationen lässt sich auch ein Satori erklären, das man durchaus auch als Impuls der göttlichen Natur oder des Bewusstseins deuten kann.

Sieben solcher Chakren werden als Hauptenergiezentren des Menschen angesehen und befinden sich nach der Chakren-Lehre entlang der Wirbelsäule, beziehungsweise in der Mittelachse des Körpers. Diese werden durch den angenommenen Energiekanal als Sushumna oder Hara-Linien bezeichnet, durch die auch die Kundalini-Kraft aufsteigen kann. Verschiedene Lehren und Schulen variieren in ihrer Auffassung bezüglich Details wie Anzahl und genauer Lokalisation der Chakren. Darüber hinaus existieren Chakren als Energiezentren nicht nur im Rahmen unseres physischen Körpers, sondern sie sind außerdem fast durchgehend entlang der Sushumna, zwischen Himmel und Erde, verteilt. Dieses Bewusstsein, dass der Körper nicht nur aus Fleisch und Blut besteht, sondern auch aus Lebensenergie, war in Asien schon lange Zeit bekannt. Die Meditation wurde schnell in den Alltag der hinduistischen und buddhistischen

Mönche aufgenommen. Sie erkannten damals schon wie es ist, von der Folter des Verstandes frei zu kommen. Das Meditieren ist im Grunde ein Ansammeln von Bewusstheit, indem man seinen Verstand und damit verbundene Gedanken, bewusst auf das Nichts bündelt. Deswegen wird der Atem gerne als Gegenstand der Meditation genommen, da er nichts Greifbares ist. Das heißt, man achtet nur darauf, wie Luft in die Lungen strömt und sich die Bauchdecke hebt. Die Luft wieder aus der Lunge herausgepresst wird und sich die Bauchdecke senkt usw. Bewusstes Atmen. Bei dem, der regelmäßig geübt meditiert, öffnen sich dabei alle genannten Energiepunkte im Körper, man wirkt vitaler und gesünder. Man bekommt eine bessere Ausstrahlung und die Abwehrkräfte werden gestärkt.

Für diejenigen, die hellseherisch begabt sind, weil Krishna euch das allsehende Auge geöffnet hat, noch ein paar Hilfen zur Entscheidungsfindung. Dies gilt nur für die, die reinen Herzens sind.

Wenn man über etwas meditiert und das Herz-Chakra reagiert bei einer Entscheidung in einer gewissen Form, wird sie von Bewusstsein getragen werden.

Wenn man über etwas meditiert und das Milz-Chakra reagiert, wird die Entscheidung von der Leidenschaft getragen.

Wenn man über etwas meditiert und das Sakral-Chakra reagiert, kommt die Entscheidung aus der Nichterkenntnis.

Für diejenigen, die kein seherisches Talent haben, aber mit ihrem Herzen im Reinen sind, wird es sich anders bemerkbar machen. Hauptsache es sitzt am rechten Ort.

Alles ist gut, solange es nicht in die Hose rutscht; bedeutet natürlich Nichterkenntnis. Solltest du deine tierische Natur nicht zügeln können, kann es sein, dass du es verlierst. Doch lass Krishna dein Herz verwalten, denn er kann es dir zurückbringen, wenn du es verloren hast. Die Meditation und das Beten helfen dabei.

Das vordere linke Körperviertel und das hintere rechte Körperviertel stehen meist für einen maskulinen Aspekt. Das vordere rechte Körperviertel und das hintere linke Körperviertel stehen meist für einen femininen Aspekt. Die vordere Seite ist meist die gebende Seite und die hintere, die annehmende. Ein weiteres Mittel, das die Konzentration bei der Meditation steigern kann, ist das Weihräuchern. Mit verschiedenen Essenzen wie zum Beispiel Baumharzen, Hölzern, Rinden, Kräutern. Es gibt zig verschiedene Kombinationen verschiedenster Duftstoffe. Das was wohlriechend ist, ist auch meistens wohltuend für Geist und Körper. Der Duft erinnert das elementare Bewusstsein des Körpers, an die Schönheit der Natur. Meist läuft dies subtil im Unterbewusstsein ab. Auch eine entsprechende Musik kann für die Meditation förderlich sein. Wie zum Beispiel auch die Klangschalen. Letzten Endes muss jeder für sich selbst entscheiden und es einfach ausprobieren, was einem gut tut. Meistens ist weniger mehr. Ein anderer braucht vielleicht einfach nur Stille. Es kann auch auf die jeweilige Gemüts- und Tagesform ankommen.

Schamanische Philosophie

Die Wahrheit in der deutschen Sprache oder doch die Lüge? Alle, die hart arbeiten sind ehrgeizig!? Ehre und Geiz, wie passt das zusammen? Hört sich fast so an wie etwa: „Arbeiten macht das Leben süß". Manches sollte man nicht zu wörtlich nehmen. Außerdem ist noch darauf zu achten, aus welcher Zeitepoche das Wort kam. In Deutschland gab es nicht nur Freigeister. Aus dem Lateinischen wurde so manches übernommen, da es die Sprache der Ärzte, Anwälte und der sogenannten geistigen Elite war. Einiges kam auch aus dem Französischen und wurde eingedeutscht. Das lag vor allem daran, dass zu Kaisers Zeiten, zu Hofe, es als vornehm galt, Französisch zu sprechen. Natürlich färbte dies sich auch aufs Volk ab. So wie es heutzutage coole englische Floskeln gibt, die den Weg ins deutsche Wörterbuch geschafft haben. So wie es eine Sprach- und eine Evolution der Lebensformen gibt, gibt es auch eine Bewusstseinsevolution. Das Paradoxe ist, das Bewusstsein wird erst zunehmen, wenn das Egoverstandsdenken abnimmt. Dazu benötigt man eine überwachende Neutralität im Denken. Durch Gegenwärtigkeit im Denkprozess kann dies erreicht werden. Wenn man sich eine beobachtende Gegenwärtigkeit angeeignet hat, wird nicht nur das Denken rationaler, sondern auch von Neutralität geprägt sein, da man nur noch wenn nötig bewusst bewertet und vergleicht. Ein neutraler Vergleich kann zum besseren Verständnis dienen. Es ist ein Abgleich der Struktur des Denkens. Der Sinn unterscheidet sich meistens nur durch den Inhalt. Man versucht korrekt gehaltene Erkenntnisse zu übertragen. Diese Vorgehensweise kann das Bewusstsein stärken und das Lernen vereinfachen.

Um nochmal auf die Frühzeit zurückzukommen, da gab es wahrscheinlich noch erhebliche Mankos bei Ausdrücken, Definitionen oder Vergleichen. Hierbei konnte der menschliche Verstand zum Teil behilflich sein. Das Dubiose liegt in der Doppeldeutigkeit von Dingen. Dazu kam die Vielzahl der Begriffe für ein und die gleiche Sache. Zum Beispiel Hochzeit, Heirat, Ehe. Da sieht man, dass man vom Verstand manchmal zu viel oder nicht optimal beraten wird. Man könnte dem Verstand eine böswillige Absicht unterstellen. Oder gilt es, sich jetzt möglichst eindeutig und konkret auszudrücken? Kann es sein, dass die Sprache auch ein Werkzeug des Bewusstseins ist? Wie auch immer, sie spiegelt den Geisteszustand des Verfassers wider. Ist das der Grund, weshalb man im Buddhismus auf die genaue und bewusste Wortwahl so viel Achtsamkeit legt? Durch Worte andere nicht verletzen. Dazu benötigt man natürlich eine gewisse Gegenwärtigkeit und muss sein Denken beobachten. Außerdem gibt's ja auch noch die Weisheit, dass alles Schwingung ist. Auch Worte!? Jedes Wort hat eine gewisse Wirkung auf des Anderen Körper, Geist und Seele. Leider sind sich nicht alle dessen voll und ganz bewusst. Worte können sehr verletzend sein, ähnlich wie Körperverletzung nur nicht so offensichtlich. Unüberlegte
Worte haben auch schon Kriege ausgelöst. Die verbale Gewalt schlägt in physische um. Egal welche Form von Gewalt, sie ist immer ein Zeichen tiefer Unbewusstheit. Dies ist wieder ein Zeichen, dass kleine Ursachen große Auswirkungen haben können. Deswegen so viel Bedacht bei der Wortwahl. Manchmal hilft es auch schon, einfach nüchtern zu sein. Wer kennt nicht die Redewendung:
„Da war die Zunge schneller, als das Hirn".
Dies ist natürlich wieder ein Beweis von tiefer Unbewusstheit.

Auch in der zwischenmenschlichen Kommunikation sollte man mehr auf Qualität, als auf Quantität setzen. Ab einem gewissen Grad an Gegenwärtigkeit ist einem ziemlich schnell bewusst, aus welcher Natur heraus das Gegenüber spricht. Ist es das Ego, die tierische Natur, der es um irgendwelche weltlichen Dinge geht? Oder die göttliche, wahre Natur eines Menschen, die sich immer optimistisch und freundlich anhört! Jeder kennt die Frage: Über was habt ihr geredet. Wenn man antworten kann, über Gott und die Welt, hat man wahrscheinlich einen angenehmen Gesprächspartner gehabt. Des Weiteren sind verschiedene Betrachtungsweisen von sogenannten „Problemen“ sehr sinnvoll.
Wenn man sich selber die Frage stellt: Bin ich mit meiner Lebenssituation zufrieden? Gibt es irgendetwas über das ich mich aufregen möchte? Stellt man ziemlich schnell fest, wie stark man mit seinen Verstand identifiziert ist und ob man pessimistisch oder optimistisch zu seinem Leben eingestellt ist. Alles, was der Verstand einem als „Problem“ suggerieren will, ist in Wahrheit nur eine Aufgabe, die es zu lösen gibt. Hierin liegt der springende Punkt. Ich will damit sagen, wenn man sich selbst beim unnützen Denken erwischt, hat man den ersten Schritt zur beobachtenden Gegenwärtigkeit erreicht.
Stille kehrt ein und in der Ruhe liegt die Kraft.
Die einfachste Methode, sich mit der göttlichen Natur in einem zu verbinden, ist tatsächlich zu meditieren.
Voraussetzung ist ein gewisses Maß an Bewusstsein und eine vernünftige Lebensführung. Man könnte auch sagen, ein Gott gefälliges Leben führen. So wie ein Mensch Gott achtet, so wird Gott einen Menschen achten. Gleiches zieht Gleiches an, und wird Gleiches erzeugen.

Tradition heißt nicht Anbetung der Asche, sondern Weitergabe des Feuers.

Reinkarnation

„Das Leben ist ein Spiel, und wer es recht zu spielen weiß, der kommt ans rechte Ziel."

Manche Menschen „konnten dem Tod schon von der Schippe springen". Sie konnten von Nah-Tod-Erfahrungen berichten, wie zum Beispiel bei schweren Unfällen, Operationen im Krankenhaus oder auch bei Traumrückführungen unter Hypnose. Im Unterbewusstsein sind Bruchstücke vergangener Leben gespeichert. Meist handelt es sich dabei um unbedeutende Geschehnisse, da es nur der ungelöschte Zwischenspeicher ist. Alle Impressionen, die zur Entwicklung von Bewusstsein dienten, wurden verarbeitet und dann automatisch gelöscht, Arbeitsspeicher leeren. Es wurde gelernt und neues Bewusstsein gebildet, der Sinn des Lebens.
Zum Nah-Tod, von dem schon manch einer berichten konnte, dass er sein Körper verlassen hat und gestaltlos war und das strahlende, gleißende Licht betrachten konnte, sei gesagt: Dass sie das Bewusstsein betrachten durften, es war eine Bewusstseinserweiterung. Ihr reiner Geist (Seele) wollte ihnen etwas zeigen. Es sind meist Menschen mit einem guten Karma. Sie werden früher oder später in Gott eingehen. Sie haben halt noch ein paar Lektionen zu lernen!
Es geht in der vorhandenen Form weiter, denn sonst wären sie nicht zurückgeschickt worden und könnten somit auch nicht berichten. Es soll jenen wahrscheinlich auch die Angst vor dem Tod nehmen, da Angst immer

etwas mit dem Ego zu tun hat. Das Ego versucht durch Angst, Macht über dein Denken zu bekommen. Letztendlich muss die gegenwärtige Form erst dann „sterben“, wenn sich das Bewusstsein nicht mehr weiterentwickeln kann oder will. Dann geht es in einer neuen Form weiter. Man hat die Möglichkeit bis zu seinem letzten Atemzug, Bewusstsein zu bilden und seine „Irrtümer“ zu läutern, für diejenigen, die selbstkritisch genug und einsichtig sind. Wir wissen, dass der Mensch nicht nur aus Fleisch und Blut besteht. Körper, Geist und Seele sind miteinander verbunden. Nur der Körper ist sterblich, auch mancher Geist mag vergehen, die unsterbliche Seele lebt ewig. Sie ist die Gabe Gottes, die früher oder später wieder zu ihm zurückgeführt werden soll!

Leben und Bewusstsein

Alles, was existiert, hat Bewusstsein, ansonsten würde es nicht existieren. Man „kann“ unterscheiden zwischen elementarem und lebendigem Bewusstsein. Ein klassisches Beispiel sind alle Heilpflanzen. Sie enthalten besonders viel positives lebendiges Bewusstsein, denn ansonsten könnten sie nicht so gut heilend wirken. Sie haben zwar kein komplexes Nervensystem, wie Tiere und die etwas weiter entwickelte Art Mensch, können aber trotzdem irgendwie kommunizieren!? Liegt es am Bewusstsein? Könnte man sagen, je ausgeprägter das Nervensystem, desto ausgeprägter das Bewusstsein eines Wesen? Welche Zusammenhänge gibt es?
Jetzt in diesem Moment entstehen und vergehen unzählige Wesen. Doch das Bewusstsein kann nicht sterben, es ist das Sein selbst. Es geht automatisch in den Kreislauf des Lebens zurück. Bis das Bewusstsein seiner selbst bewusst wird und die Höchste Wahrheit erkennt.

Das Leiden

Geben ist seliger denn Nehmen, vor allem, wenn es um Schmerzen geht. So viel zur Verhaltensweise des Ego-Verstandes. Früher als ich noch weit ab der Wahrheit lebte, dachte ich, immer wenn der Schmerzkörper aktiv wurde, der Teufel will mich fertig machen. Das stimmt sogar, oft ist man selbst sein eigener Folterknecht und Kerkermeister, und zwar immer dann, wenn man mit seinem Ego verwurzelt ist. Du bist sozusagen dein Ego, in dieser Zeit hast du dich voll und ganz mit dem Egoverstand identifiziert, durch egozentrische Denkweise. Du setzt deine Interessen über die, aller anderen.
Das „kann" Schmerzen verursachen! Der „Schmerzkörper" ist nichts Böses, er ist lediglich ein Wegweiser und Lehrmeister. Die tierische Natur lernt am schnellsten durch die Erinnerung an den Schmerz. Egal, ob der Auslöser in materiellen oder in strukturellen geistigen Inhalten zu finden ist.
Man kann die Identifikation mit dem Egoverstand auflösen. Das gelingt dir nur, wenn du den Denker beobachtest. Und dir die Frage stellst: „Welche Gedankenstrukturen und/oder Gedankeninhalte, vermeiden, dass ich in Harmonie mit mir selbst und der Welt lebe?" Lege Hass, Angst, Wut, Groll zur Seite. Denn davon ernährt sich dein Leid (Ego). Versuch positiv und sorgenfrei zu sein, es ist nur ein bittersüßes Spiel. Alles was dir im Leben widerfährt, dient deiner Bewusstwerdung. Und sei dir sicher, alles was dir passiert, hast du dir so ausgesucht, sofern du gegenwärtig genug warst. Warst du unbewusst, haben andere für dich entschieden. Meist zu ihren Gunsten. Hierin erkennt man die besondere Wichtigkeit, möglichst gegenwärtig zu sein und ein selbstbestimmtes Leben zu führen. Das Wichtigste ist immer optimistisch zu sein.

Der Schmerzkörper kann sich auch in einem Gefühl von Langeweile oder deren negativem Gegenteil, Nervosität, äußern. Auch jede Form von Negativität wird vom Ego verursacht.
Die weitaus schlimmste Form ist bei Drogensüchtigen zu beobachten. Bei Drogensüchtigen spiegelt der Schmerzkörper gleichermaßen das Suchtpotential wider, das heißt, das unersättliche Verlangen, eine Substanz zu konsumieren. Solange die tierische Natur bekommt, nach was sie verlangt, ist scheinbar nur der psychische Schmerzkörper aktiv. Das Ego will durch die konsumierte Substanz am Leben erhalten werden. Die wahre Natur eines Menschen ist durch den Konsum blockiert. Kommt der Süchtige zur Einsicht und macht einen Entzug, „kann“ es vorkommen, dass zu dem psychischen, ein physischer Schmerzkörper dazu kommt. Das Ego bündelt seine Kräfte, da es seine Existenz bedroht sieht. Das Ego versucht durch den Trugschluss: „Solange ich bewusstseinsverändernde Drogen nehme, muss ich keine physischen Schmerzen ertragen“, sich weiter von dem psychischen Leid, das der Konsum mit sich bringt, zu ernähren. Das gilt auch für Medikamenten-Abhängigkeit. Die komplexe „Problematik“ bei einem Drogensüchtigen ist, dass sowohl die Struktur als auch der Inhalt des Denkens neu geordnet und Inhalte ausgetauscht werden müssen, um von der Krankheit geheilt werden zu können. Da sich das Ego so tief mit der Denkstruktur eines Süchtigen verwurzelt und sie mit seinen eigenen Inhalten gefüllt hat, ist die Bewusstwerdung, und damit das Aufhören des unbewusst machenden Konsums, so schwierig. Die Ursachen des Drogenkonsums sind meist im Lebensumfeld oder in äußeren Bedingungen zu suchen. Die Wirkungen sind immer im Psychischen zu

finden. Häufig spiegelt sich das Äußere im Inneren eines Menschen wider, und umgekehrt.
Man kann keinen zum Aufhören des Drogenkonsums zwingen, diejenigen müssen selber zur Einsicht gelangen, dies ist der erste Schritt zur Besserung. Das Ego versucht durch Erzeugung von Ängsten, die dem Süchtigen jedoch meist unbewusst sind, ihn in seinem Bann zu halten. Diesen Prozess kann man jedoch nur stoppen, indem er einem bewusst wird. Um frei zu kommen benötigt man Bewusstsein im Denken, dies ist leider bei Süchtigen schwer zu erreichen, da der gewohnheitsmäßige Konsum sehr unbewusst macht.
Die, die früher oder später zur Einsicht gelangen, und sich ihren „Problemen" (Ängsten) stellen, werden sicher zu einer Lösung gelangen. Der Glaube zu Gott, kann einem dabei helfen, den rechten Weg wiederzufinden.
Wo ein Wille ist, wird auch ein Weg sein.

Die Heilung

Durch Horten und Festhalten entsteht ein Stau, der zu Krankheit und Tod führen kann. Nach dem Prinzip der Harmonie oder des Ausgleichs gilt es also, auf der körperlichen Ebene regelmäßig zu entgiften, durch zum Beispiel Sport, Saunieren, entgiftender Ernährung und gesunder Lebensweise. Auf der geistigen Ebene hilft es einem regelmäßig zu meditieren, Yoga, Tai Chi, Qi Gong... zu praktizieren, um präventiv gegen Krankheiten vorzusorgen, und um den Geist frei zu bekommen und neu zu ordnen. Körper, Geist und Seele sind miteinander verbunden und sollten miteinander kommunizieren. Dies funktioniert nur, wenn die sieben Chakren geöffnet und sauber sind.

Durch das Öffnen der Energiezentren (Chakren) können Energiestaus aufgehoben werden und die Lebensenergie wieder frei fließen. Diese Blockaden werden durch das Festhalten an nicht optimalen Denkinhalten und Strukturen verursacht.
Des Weiteren sollte man nicht unbewusst seine Gedanken auf andere projizieren, sondern mehr seine eigenen Gedanken reflektieren, mit Hilfe der beobachtenden Gegenwärtigkeit. Häufig wird auch das am Gegenüber kritisiert, was man an sich selbst nicht ausstehen kann. Ein Auslöser kann wiederum das unbewusste Projizieren seiner Gedanken auf andere sein. Es gibt die Weisheit:
„Man soll nicht von sich auf andere schließen."
Durch Bewusstwerdung solcher kontraproduktiven Denkstrukturen, kann man sich wieder von seinem Egoverstand lösen. Dies ist nur ein Beispiel, aber es zeigt, wie unbewusstes Denken sich negativ auswirken kann, denn nach diesem Schema sucht der Egoverstand nach Konfliktpotenzial. Um vom Verstand frei zu kommen, und sich somit von seinem Ego zu lösen, kann ich nur eindringlich raten, regelmäßig zu meditieren, da der Geist daraus seine Kraft schöpft. Jeder starke Geist ist auch mit einem starken Körper verbunden. Wie oben, so auch unten oder wie innen, so auch außen. Man kann auch sagen: Je bewusster man lebt, desto weniger Chancen haben Krankheiten, in den Körper einzudringen. Bei einigen Menschen sind leider „nur" die ersten drei Chakren aktiviert, nämlich Wurzel- Sakral- und Milz-Chakra. Durch spirituelle Übung wie z.B. das Meditieren, können die restlichen auch noch aktiviert werden, also Herz-Hals-Stirn-Scheitel-Chakra. Erst dann kann das göttliche Gewahrsein in einem vollkommen zum Ausdruck kommen.

Ich bin gespannt, ob ich es noch miterleben darf, dass z. B. Meditation und bewusstes Denken ein Schulfach werden. Den Kindern wird heute zwar beigebracht, was sie denken sollen, aber nicht wie, was ja tatsächlich viel entscheidender ist. Es wird sehr auf den Inhalt geachtet, aber die Struktur des Denkens wird vernachlässigt! Da der von einem selbst beobachtete Verstand, neutrales und bewusstes Denken erst ermöglicht, würde das Lernen, Handeln und Verhalten an Qualität zunehmen. Dies würde auch die Persönlichkeitsbildung im positiven Sinne fördern. Es könnte ein Vorteil sein, so früh wie möglich das Meditieren zu erlernen, da man so Gedankenklarheit schafft, indem man seine Gedanken kontrolliert und reflektiert, und so eine beobachtende Gegenwärtigkeit entwickelt (Bewusstes Denken). Das Denken nimmt an Effektivität zu, Geistesgegenwärtigkeit. Vielleicht könnten dadurch Krankheiten verhindert werden.

Bewusste Ernährung

Wir leben heute in einer Zeit, in der es keine Notwendigkeit ist, Tiere zu züchten und zu schlachten, um das eigene Überleben zu sichern. Alles, was Geburt und Tod verursacht, erzeugt unbewusst Leid. Wenn man das Bewusstsein erlangt, dass man kein Individuum ist, sondern ein Teil des Ganzen, ist es aus ökologischer, ökonomischer, moralischer und religiöser Sicht unvernünftig und verantwortungslos, Fleisch zu essen.
In Anbetracht dessen, was die Massen-Viehhaltung an CO^2, Methangas-Emissionen und Wasserverbrauch verursacht sowie das entstehende Leid für die Tiere durch die nicht artgerechte Haltung und auch wie das Leben der Tiere an sich in einer Art und Weise verachtet wird, kann aus höherer Sicht beschämend wirken. In allen

Religionen heißt es, du sollst nicht töten. Der Mord wird damit nicht legitim, nur weil es jemand anderes für einen macht, oder es sich nur um Tiere handelt. Diejenigen, die Fleisch essen, machen sich mit schuldig. Dies ist natürlich „schlecht“ fürs persönliche Karma (Ursache und Wirkung). Indem man Fleisch isst, erachtet man sein Leben als wertvoller, als das, seiner Mitgeschöpfe. Dies bläht das persönliche Ego auf, ähnlich wie der Drogenkonsum. Auch die Geisteshaltung ist ähnlich, da ein „Fleischfresser“ nie zugeben würde, dass er etwas moralisch Verwerfliches tut.
Die Verbindung zu seinem Herzen wird man erst finden, wenn man sich wenigstens vegetarisch ernährt, da alle Herzen dem Schöpfer allen Seins entgegenschlagen. Dieses Bewusstsein und das bewusste Wählen seiner Nahrungsmittel mit allen daraus folgenden Konsequenzen, ist der Unterschied zwischen der göttlichen und der tierischen Natur eines Menschen.

Finde Seelenfrieden

Wenn man mich nach der richtigen Religion fragen würde, würde ich die Antwort geben, dass es nicht die richtige oder die falsche Religion gibt. Geh über das Richtig und Falsch hinaus. Das Wichtige ist tatsächlich, wie ich die Religion ausübe. Ist man dabei in Frieden? Lebt man mit sich selbst und allen anderen in Einklang und Harmonie? Kein Prophet Gottes hat jemals zur Gewalt aufgerufen. Der spirituelle Kampf zwischen Gut und Böse findet immer im Kopf statt. Der Grund für Kriege sind immer Interessenkonflikte, unterschiedliche Anschauungsweisen, unterschiedliche Auslegungen, also immer etwas Persönliches. Da Gewalt auch immer ein Zeichen tiefer Unbewusstheit ist, denke ich mir immer, welcher

Dämon da wohl seine Finger im Spiel hatte? Die Auffassung, mein Gott ist besser als dein Gott, ist schon des Öfteren Grund allen Übels gewesen. Dabei gibt es nur den einen Schöpfer allen Seins. Nur ihn sollte man anbeten. Darin sind sich die meisten jedenfalls einig. In jeder Religion ist die Wahrheit zu finden, wenn man sie akzeptiert, wenn man sie zu fassen bekommt. In der buddhistischen Lehre heißt es:
„Du musst nicht nach der Wahrheit suchen, sondern nur alle Ansichten aufgeben."
Da alle Ansichten die Gedankenstrukturen bilden!

Am liebsten sind mir alle mystischen Zweige der Religionen. Dort kommt die Wahrheit am deutlichsten zum Vorschein, da man sich auf das Wesentliche konzentriert. Zum Beispiel im Buddhismus.

Buddhismus

Die vier edlen Wahrheiten lauten wie folgt:

- Das Leiden

- Ursache des Leidens

- Auflösung des Leidens

- Und der daraus führende Weg. „Wo ein Wille, da ist ein Weg.“

Der erleuchtete Buddha verfasste den sogenannten edlen achtfachen Pfad.

1. Richtige Sichtweise

-Wissen, was gut und was schlecht für uns ist, und die Folgen unserer Taten erkennen.

2. Richtige Absicht

-Das, was wir tun, mit der richtigen Einstellung tun, nicht um etwas zurückzubekommen oder anerkannt zu werden.

3. Richtiges Sprechen

-Durch Worte andere nicht verletzen.

4. Richtiges Handeln

-So handeln, dass man dabei an alle denkt.

5. Richtige Lebensweise

-Keine Drogen verkaufen oder nehmen, keine Lebewesen töten, nicht stehlen.

6. Richtige Anstrengung

-Sich anstrengen, ein gutes Leben zu führen und nicht alle Anstrengung daran setzen, immer mehr zu haben.

7. Richtige Achtsamkeit

-Aufpassen, dass wir in Gedanken und Taten in Harmonie mit der Welt leben.

8. Richtige Konzentration

Meditieren und Gutes tun, damit wir Erleuchtung finden.

Dies sind Richtlinien, um glücklich zu sein. Je enger man an der Wahrheit lebt, desto weniger Leid erzeugt man für sich und andere.

„Die leidvolle Natur der Welt, beruht auf der Vergänglichkeit alles Existierenden. Es gibt kein dauerhaftes Selbst, der Glaube an die Existenz eines unvergänglichen Geistes, ebenso wie die materialistische Vorstellungsweise ist Selbsttäuschung, durch die der Unerlöste im Daseinskreislauf Samsara festgehalten wird. Die Art der Wiedergeburt richtet sich nach dem Karma, dem moralischen Weltgesetz. Voraussetzung für die Erlösung ist die Überwindung der Daseinsgier. Heilziel ist das Eingehen ins Nirwana, den außerweltlichen Zustand absoluter Befreiung.“ (Buddha)

Der Fahrer

Die Frage ist, wer ist mit wem unterwegs?
Der Grund, weshalb buddhistische Mönche nicht selbst Autofahren sollten ist natürlich, dass man nicht nur mit seinem eigenen Ego konfrontiert wird, sondern auch mit dem Ego der anderen Straßenverkehrsteilnehmer. Da das Wollen auch immer psychisches Leid verursacht und dies sich beim Autofahren nicht vermeiden lässt, ist es entspannter, die öffentlichen Verkehrsmittel zu nutzen, um sich Leid zu ersparen. Man denke nur an die Parkplatzsuche. Mir kommt es so vor, als wollten alle das gleiche und manchmal auch noch zur selben Zeit (Stau). Das Ego sorgt für Spannungen. Wenn man nicht gegenwärtig genug ist, kommt Hass, Wut und Groll auf. Leid, wo man es sich ersparen kann.

Der Straßenverkehr zeigt die Reaktionen des kollektiven Ego- Verstandes unmittelbar und leider sehr deutlich. Man kann es auch als Wahnsinn bezeichnen. Man denke an die vielen Verkehrstoten, die es jedes Jahr gibt. Als ich diverse Bücher noch nicht kannte, wusste ich nicht, wieso ich so gerne Auto fuhr. Heute ist mir klar, dass man sich dadurch ins Jetzt zwingt. Auch nur eine Sekunde nicht vollkommen gegenwärtig zu sein, könnte den Tod bedeuten. Sollte man so präsent sein und sich selbst beim zu schnellen Fahren erwischen, sei gewiss, es ist dein Ego, das dich beherrscht. Wer will schneller sein als „die Anderen“, das Ego, die Unvernunft. Dabei kommt es auf paar Minuten nicht an.

Zumal konnte ich auch in Gesprächen heraushören und auch beobachten, dass sich so manch einer mit seinem Fahrzeug identifiziert, oder mit der Position, die man im

Straßenverkehr einnimmt. Wieder ein Beispiel für die Identifikation mit dem Inhalt oder der Struktur des Denkens. Solltet ihr solche Gedanken in euch wahrnehmen, habt ihr euer Ego beim Denken ertappt. Das Ego ist der Denker und Lenker und ihr nur der Passagier. Wenn man sich dessen bewusst wird, kann man sich vom Ego-Verstand wieder befreien. Man kann sich der Identifikation mit Form, Inhalt immer dann bewusst werden, wenn man das Wort „mir“, „mein“, „meines“, im Sprachgebrauch verwendet. Diese Denkweise wird einem nur bewusst, wenn man eine beobachtende Gegenwärtigkeit hat. Es ist die Leidenschaft zu Dingen und die unbewusste Identifikation damit.

Andere Identifikationsobjekte sind zum Beispiel auch: Kleidung, Handy, PC, Haus, Boot, Flugzeug ... alles, was dein Leben besonders macht. Das, was nicht jeder hat.

Die Identifikation mit der Gedankenstruktur äußert sich z.B. durch die Annahme, ich bin mein Beruf, oder ich bin mein Körper. Nimm alles Materielle von dir, was bleibt übrig? Bewusstsein!

Die andere Seite

Wenn ich Enthaltsamkeit übe und sehr diszipliniert lebe, gehört dazu natürlich auch, regelmäßig zu meditieren. Und wenn man dann noch in die Natur raus geht, zum Laufen, Wandern oder Fahrradfahren, kommt man zwangsläufig ins „Sein“. Man wird eins mit dem Moment und mit der Umwelt, die einen umgibt. Man kann die Herrlichkeit des Allmächtigen förmlich spüren, verweilt man dann auch noch in einer beeindruckenden Landschaft, vielleicht bei schönem Wetter, ist man Gott ziemlich nah, so kommt es einem vor.

Hinduismus

Man muss das Rad nicht neu erfinden. Die Analyse über die Eigenschaften und Weisheiten habe ich aus den Veden und der Bhagavad Gita zusammengefasst. Es ist ein Jahrtausende altes Wissen. Ich will nur daran erinnern, da der Mensch sehr vergesslich sein kann. Man muss die Wahrheit nur geistig ergreifen, wenn man sie zu fassen bekommt.

„Sei du mein Werkzeug, ich bin deine Macht". (Krishna)

Wir alle sollten weniger religiös und dafür spiritueller sein. Das heißt, den Glauben an den Schöpfer allen Seins mit Hingabe leben. Alles im Gedenken des Höchsten tun. Beim Liegen, Gehen oder Stehen. Beim Atmen, Essen, Trinken und sogar beim Schlafen, sollte man an den Schöpfer allen Seins denken. Denn der, der die Wahrheit liebt, der wandelt nicht den Weg des Bösen. Wer aber vom Eigenwahn getrieben ist, der verdirbt und stirbt. Lass sie sterben, die Weisen trauern nicht über das, was lebt oder stirbt. (Bhagavad Gita)
In der Bhagavad Gita, die als Einschub des großen indischen Epos Mahabharata, etwa ab dem vierten Jahrhundert vor Christus schriftlich fixiert wurde, wird von Krishna, dem Wagenlenker, derselbe Weg beschrieben, auf den auch Christus oder Buddha verweisen. Hinter beiden Wegen steht dieselbe Kraft. Beide fordern die vollständige Hingabe. (Christusnatur = Buddha-Natur). Oder wie es in der Bhagavad Gita an den Wagenlenker Krishna heißt: „Doch wer sich ganz in Liebe mir ergibt, und mich allein nur liebt, erkennt mich so. Er, wahrlich, kann mich so in Wahrheit sehen. Mein Anblick ist es, der ihn unsterblich macht. Wer alles, was er tut in meiner Kraft, in meinem Namen vollbringt, kein Wesen hasst,

von Selbstsucht frei nach mir allein nur ringt und sich mit mir vereinigt, kommt zu mir… "

Für jene, die sich diesem Licht ohne Vorbehalt anvertrauen, hält die heutige Zeit, das beginnende Aquarius-Zeitalter große Veränderungen bereit. Denn die neuen Kräfte wirken in solchen Menschen positiv, sie schenken ihnen die Möglichkeit eines neuen Bewusstseins für die Einheit mit allem, was lebt, und mit der Schöpferkraft selbst. In der Gita ist die Weisheit in einem Zwiegespräch zwischen Lord Krishna und Prinz Arjuna verpackt, ob Prinz oder Prinzessin, ist egal. Das Geschlecht spielt keine Rolle bei der Selbstfindung. Die Worte sollten richtig gedeutet werden. Der menschliche Geist muss sie sich des Öfteren zu Gemüte führen, um sie vollständig zu begreifen und um sein Ego zu durchdringen.

„Wo heilige Brahminen und Brahmanen, und Weise ihm entgegen wandern, frommer Seelenadel" (Krishna)

Die Eigenschaften der Kasten

Die Brahmanen sind von Herzen rein, ruhigen Gemüts, selbstbeherrscht, geduldig und gelehrt. Und stets bestrebt, die Wahrheit zu erringen.

Den Krieger, aus seiner eigenen Natur geboren, zeichnen seine Tapferkeit, Edelmut, Ausdauer, Festigkeit, Schlauheit, Entschlossenheit und Stärke aus.

Der Bauer pflügt das Land.

Der Kaufmann handelt.

Seinem Trieb gehorchend folgt der Knecht.

Das Kastenwesen wurde offiziell abgeschafft. Leider sind in der Bevölkerung noch einige eingefahrene, nicht nachvollziehbare Verhaltensweisen, üblich. Dies lässt sich auf das kollektive Ego zurückzuführen. Die Zugehörigkeit zu der jeweiligen Kaste sollte nicht die Geburt ausmachen, sondern viel mehr die oben erwähnten Eigenschaften einer Person. Beruf und Berufung sind nicht immer ein und dasselbe.

Die unterste Kaste, die „Knechtschaft", so wie es gemeint ist, die ihren Trieben folgen, also diejenigen, die von ihrem Ego beherrscht werden und die tierische Natur verkörpern, sind aus spiritueller Sicht am niedrigsten einzustufen. Dies hat auch nichts mit dem allgemeinen Hygienezustand des Einzelnen zu tun. Hierbei geht es um geistige Armut und nicht um körperliche. Das Ego braucht jemanden zum unterwerfen, damit es sich „selbst" erhaben fühlt. Jeder, mit dem Herz am rechten Fleck, wird mich verstehen. Indien ist eigentlich ein sehr menschenfreundliches Land. Anhand solcher vom Ego-Verstand konstruierten „Missverhältnisse", sieht man, welche gedanklichen Komplexe, ein kollektives Ego erzeugen kann. Es dient nur dazu, um genügend Leid in der Bevölkerung zu halten, denn davon ernährt sich das kollektive Ego. Leider gibt es noch mehr solcher kollektiver Komplexe, in anderen Kulturen und Religionen. Dies war nur ein Beispiel, aber es zeigt, wie schädlich eine negative kollektive Denkweise ist. Es bestätigt die Wichtigkeit von Meinungsfreiheit, Querdenkerei und Feingeistlichkeit. Weisheiten und Prinzipien sollten hochgehalten werden, doch sollten sie ethisch und moralisch einwandfrei vertretbar sein.

Es sei noch erwähnt, dass den hinduistischen Gelehrten sehr wohl bewusst war, dass es nur einen Schöpfer allen

Seins gibt. Da dessen Geist zu unendlich groß ist, um ihn mit menschlichem Geist im Ganzen zu erfassen, versuchten sie ihn in verschiedenen Persönlichkeiten zu begreifen. So entstand Brahma, aus dem das Sein entsprang. Dann Krishna, wörtlich übersetzt als „der Schwarze", da die Farbe seiner Haut einer dunklen Gewitterwolke gleicht, der Freund aller Lebewesen. Vishnu, der Schöpfer, Erhalter und Zerstörer des All und Shiva, der „Glückverheißende", aber auch der „Grausame" genannt. Die drei werden als höchste Götter dieses Glaubens verehrt. Es gibt noch einige mehr, wie zum Beispiel, Lakshmi, die Göttin des Glücks und der Schönheit und Ganesha, der als Schutzherr der Wissenschaften, der Schriften und der Ausbildung gilt. Hanuman symbolisiert, dass jedes Geschöpf Gott direkt erfahren kann.
Die bekanntesten hinduistischen Facetten des Göttlichen seien erwähnt. Möge sich jeder sein eigenes geistiges Bild machen.

Hier ein kleiner Auszug aus der Gita:

Das Buch der Lehren

Arjuna fragt: Woran kann man jenen erkennen, der festen Herzens und ergeben ist, wie spricht ein solcher Mensch? Benimmt er sich wie andere Menschen?

Krishna antwortet: Wenn ein Mensch den Wünschen des Herzens entsagt hat und in sich zur Ruhe gekommen, den Frieden in sich selbst gefunden hat, so hat er JOG erlangt. Er ist nicht vom Gram getrübt und kein Genuss belustigt ihn. Er wird nicht bewegt von Habsucht, Neid, Zorn. Er ruht in der Erkenntnis, was sein Glaube ihm bringt. Er ist ein Heiliger, Einsiedler nennt man ihn, der befreit von äußeren Dingen in der Mitte seines Herzens lebt. Er ist an niemanden und nichts gebunden, von Wüschen frei, im Unglück nicht verzweifelnd, vom Glücke nicht erregt. Meister, nicht Diener seiner niederen Gelüste.

Es gibt zwei der Weisheit Pfade, der Eine führt dich durch gutes Tun zum Ziel, der Andere durch Gebet und stille Andacht, an den Schöpfer allen Seins. Doch sind beide Eins.

Lass all dein Tun frei von Begierde sein, denn der ist frei von Schuld!

Wie eine Schildkröte unter ihrem Schild die Glieder einzieht, wenn Gefahr sich naht. So wendet er vom Äußeren, die fünf Sinne dem Inneren zu. Dies ist der Weisheit Zeichen. Die Sinne haben keine Macht mehr über den, der sich den Sinnen entschlägt. Selbst der Geschmack am Sinnlichen, vergeht dem, der der Lust daran entwachsen ist. Doch kann es geschehen, dass der Weise, durch den Sturm des Sinnlichen, erschüttert wird und fällt. Dann soll er trachten, des Reiters Herrschaft wiederzuerlangen, indem er nur an den Schöpfer allen Seins denkt und sich in Ihn vertieft. Denn weise ist nur, der sein eigenes Selbst, durch Gottes Kraft beherrscht.

Wenn der Gedanke über den Dingen brütet, der Gegenstände der Sinne ist, entspringt die Neigung zu demselben daraus. Zur Begierde wächst sie heran und wird zur Leidenschaft. Die Leidenschaft wächst zur Flamme (Beutelust), es folgt Vergessenheit des Wahren, Unvernunft und unvernünftiges Handeln, bis zuletzt der Mensch verdirbt.

Wem das Sinnliche, so viel wie nichts ist, wer es weder liebt noch hasst, wenn er es auch benützt und sich es zu

Diensten macht, Herr seiner selbst, der findet die Ruhe im Ewigen. Aus der Ruhe kommt der Frieden, und aus dem Frieden wahre Seligkeit. Das Ende des Schmerzes, und die Erlösung allen Leidens.

Siehe den Geist von dem, der seines Sinnes Sklave ist, er kennt sein himmlisches, sein wahres Wesen nicht. Für ihn gibt es keine Sammlung, keine Ruhe, und keine wahre Seligkeit. Er gleicht einem Schiff, im Sturm getrieben, dem Untergang entgegen eilend. Doch wer sich vom Sinnlichen nicht bewegen lässt, Herr über seiner selbst und seines Herzens, der hat wahre Weisheit.

Wo für andere nur dunkler Tag herrscht, sieht er den hellen Tag in seiner Seele. Was dem Nicht-Erleuchteten wie helles Taglicht scheint, das ist für ihn, der es mit klarem Geistesauge durchschaut, der Nichterkenntnis Finsternis. So ist der Heilige. Und wie das Meer die Flüsse aller Länder empfängt, und doch in seinen Grenzen bleibt, so ist der Weise. Es strömt ihn der Dinge Blendwerk zu, aber es bewegt ihn nicht, den Herrn der Sinne. Von allen Dingen frei, ist er der Meister und nicht der Diener seiner niederen Lüste. Von Hochmut frei und vom Wahn des Selbst, hat er den Frieden. Dieser Sieger ist Brahms ewiges Sein. Wer es erlangt ist ohne Furcht, von allen Leiden frei, und furchtlos geht er zu seiner Todesstunde in Brahma ein...
Für mich immer wieder faszinierend, mit welchem Bewusstsein, die ehrenwürdigen Brahminen und Brahmanen, zu jener Zeit, die Bhagavad Gita verfasst haben.

Mantras

Ziemlich bekannt ist das Gebetslied (Mantra) Hare Krishna. Es stammt aus den Veden. Die Veden wurden etwa „ab“ zweitausend vor Christus verfasst und sind eine der ältesten überlieferten Schriften der Menschheit. Das Mantra lautet:

... Hare Krishna Hare Krishna

Krishna Krishna Hare Hare

Hare Rama Hare Rama

Rama Rama Hare Hare ...

Die sechzehn Sanskritworte bilden ein Mantra, eine transzendentale Klangformel. Alle drei göttlichen Namen im Maha Mantra beziehen sich auf Liebe und Freude.

Das Wort Mantra setzt sich aus den beiden Silben, „man“ und „tra“ zusammen, die von manas und trajate abgeleitet sind, was so viel wie Geist und Befreiung bedeutet. Ein Mantra ist also eine spirituelle Klangschwingung, die den materiell verschmutzten Geist befreit. Um sich im Spiegel so zu sehen, wie man wirklich ist, muss dieser vom Staub befreit sein. Ein staubiger Spiegel hat keine Reflexions-Eigenschaften. In ähnlicher Weise verhält es sich mit unserem Geist, von welchem man sagt, er sei der Spiegel der Seele. Um also die Seele durch den Geist wahrzunehmen, muss dieser vorher gereinigt werden. Die materiellen Verschmutzungen des Verstandes, werden durch das Mantra beseitigt, so dass sich dann die Seele im Geist widerspiegeln kann. Die vedische Philosophie sagt hierzu, dass in der Dualität dieser Welt, die Ursache unserer Bindung an diese Welt liegt. Sie gehen davon aus, dass wir im tiefsten Wesen eine unsterbliche spirituelle Seele haben, die sich in dieser Welt als eine Einheit von Geist, Intelligenz und Ego im physischen Körper inkarniert hat. Ein Mantra (spirituelle Klangschwingung) besitzt genau diese Kraft, nämlich den Geist aus der materiellen Dualität zu befreien und das Bewusstsein auf die Gegenwart Gottes im Herzen zu richten. Das ist die direkte Bedeutung des Wortes Mantra.

Mythologie um das Maha Mantra

Die Upanishaden sind die Heiligen indischen Schriften. Das Maha Mantra wird zuerst erwähnt in der Kali Santarana Upanishad, einer Vaishnava Upanischad, die in Beziehung steht, mit dem Krishna Yajur Veda. In dieser Upanischad fragt der Weise Narada, Brahma um Rat, wie man die negativen Wirkungen des Kali Yuga, des eisernen oder dunklen Zeitalters, überwinden kann. Brahma antwortete, dass die Namen Vishnus, alle negativen Wirkungen des Kali Yuga beseitigen. Als Narada fragt, welches die Namen von Vishnu sind, antwortet Brahma: Hare Rama Hare Rama, Rama Rama Hare Hare, Hare Krishna Hare Krishna, Krishna Krishna Hare Hare. Diese sechzehn Namen von Vishnu beseitigen alle negativen Wirkungen des Kali Yuga. Es gibt kein besseres Mittel in allen Veden.

Folgende Geschichte findet man in der Bhagavantam Purana und anderen Schriften: König Parikshit, der Enkel von Arjuna, hat gehört, dass das Kali Yuga bald beginnen sollte. Er hörte, dass Kali schon in seinem Königreich unterwegs sei. So begab sich Parikshit auf die Su-

che nach Kali. Eines Tages sah er eine Kuh, welche auf drei Beinen lahmte, und auf die jemand einprügelte. Parikshit eilte dorthin und sagte zu dem Prügelnden: „Wie kannst du das machen?“ Darauf antwortete dieser: „Ich bin Kali, der Geist des neu anbrechenden Zeitalters. Die Kuh verkörpert Dharma, die rechtmäßige Ordnung. Im Kali Yuga hinkt Dharma auf drei Beinen. Und meine Aufgabe im anbrechenden Zeitalter ist, Menschen unglücklich zu machen, egoistisch und rücksichtlos.“
Parikshit antwortete: „Das lasse ich nicht zu!“
und wollte Kali gefangen nehmen.
Kali antwortete: „Ich werde dein Land verschonen.
Aber gib mir ein paar Orte, an denen ich wirken kann.“
Parikshit antwortete: „Ich gebe dir folgende Orte.“
- Wo Menschen Glückspiel betreiben, da kannst du wirken, und den Geist der Menschen verwirren.
- Wo Menschen Sex für Geld wollen, also an den Orten der Prostitution, kannst du sein.
- Wo Menschen Tiere töten, um sie zu essen, oder wo Tiere gequält werden, kannst du sein.
Zu Parikshits Zeit gab es solche Orte kaum. So dachte er, dass er Leid, Unglück und Brutalität ausreichend eindämmen würde.
Kali antwortete: „Das reicht mir nicht aus. Bitte gib mir noch einen weiteren Ort“
Da sagte Parikshit: „Wo es den Menschen um Geld geht, da kannst du wirken.“
Da lachte Kali und sagte: „Ja, das reicht mir aus.“
So kommt es, dass an den Orten des Glückspiels, der Prostitution und Tierquälerei, Menschen unglücklich werden, egoistisch und zum Teil auch brutal und kriminell.
Und sowie es Menschen um Geld geht, vergessen sie ihre ethischen Grundsätze.

Ein paar Jahre später erkannte Parikshit, dass er einen großen Fehler begangen hatte. Insbesondere gab es immer mehr Menschen, die Fleisch aßen und so Freude, Liebe und Mitgefühl verloren und nicht einsehen konnten, dass sie Unrecht taten. Außerdem ging es den Menschen immer mehr um Geld und die Menschen wurden immer egoistischer. So übte Parikshit spirituelle Praktiken und betete um Hilfe. Daraufhin erschien ihm Narada, gab ihm das Maha Mantra und sagte: „Verbreite dieses Maha Mantra überall. Da wo die
Menschen das Maha Mantra singen, kommt wieder Freude, Liebe und Mitgefühl in ihr Leben."
So wurde das Maha Mantra auf der ganzen Welt verbreitet.

OM NAMAH SHIVAYA

Das Mantra bedeutet wörtlich übersetzt: Ich verneige mich vor Shiva, der Verkörperung des Absoluten. OM ist der Ur-Klang der Schöpfung. Aus dieser heiligen Silbe ist alles hervorgegangen. Sie steht am Beginn des Mantras. Die Idee ist vergleichbar mit der des Christentums. Zuerst existierte das formlose Nichts, dann erschuf Gott die Welt.
Die Wissenschaft bezeichnet das als Urknall.
Das OM symbolisiert sowohl Gott als auch die Schöpfung.
Im Hinduismus gibt es keine Trennung, Schöpfer und Schöpfung sind eins.
Die Christen sagen ja auch: Jesus lebt, oder lebt in mir.
Der Hinduismus ist eine monotheistische Religion. Aus dem Einen geht das Viele hervor. Gottes Geist inkarniert sich immer wieder neu auf der Erde, für die Hindus ist Jesus eine von vielen göttlichen Inkarnationen.

Das zweite Wort des Mantras ist NAMAH und bedeutet Verbeugung oder Verehrung. Der Gruß der Hindus, bei dem man sich mit vor der Brust zusammengelegten Händen, vor dem Göttlichen im anderen verneigt, heißt Namaskar.
Das dritte Wort ist SHIVAYA. Das ist der Dativ des Wortes Shiva. (Ich verneige mich vor wem?) Im Sanskrit wird der Kasus, der Fall, durch unterschiedliche Wortendungen ausgedrückt. Shiva gehört zu der Trinität: Brahma, Vishnu, Shiva. Schöpfer, Bewahrer und Zerstörer. Gott erschafft sich jeden Moment neu, seine Schöpfungen haben eine Zeit lang Bestand, dann vergehen sie wieder. Zugleich ist Shiva Gott selbst, ohne ein Zweites. Er ist ewig, absolut, formlos, allgegenwärtig. Seine Verehrung führt zur Erleuchtung und zur Erlösung vom Rad der Wiedergeburt. Shiva ist der Gott des Feuers (Shiva Nataraj). In seinem Feuer verbrennt symbolisch alles, was nicht Gott ist. OM NAMAH SHIVAYA drückt zum einen die Verehrung zu Gott Shiva aus und zum anderen bittet es darum, mit Shiva eins zu werden.

Es gibt für jede hinduistische Gottheit ein Mantra. Ich habe mir diese zwei herausgesucht, da darin viele wichtige Elemente, des hinduistischen Glaubens enthalten sind. Ich hoffe diese Erklärungen haben geholfen, zumindest etwas Klarheit und Transparenz zu schaffen. Ich konnte noch einige prägnante Passagen in der Gita finden, die einen hohen Wahrheitsgehalt haben. Im ersten Text geht es um die drei Gewalten der Natur und die Auswirkung auf das Verhalten und die Spiritualität. Im zweiten Text geht es um die Trennung der göttlichen von der tierischen Natur eines Menschen. Die Gita enthält noch mehr bemerkenswerte Kapitel, ich habe versucht, mich auf die aussagekräftigsten zu beschränken und habe noch eine Zusammenfassung mit angefügt.

Das Buch der Spiritualität durch die Trennung von den drei Gewalten der Natur eines Menschen.

Krishna spricht: Noch weiter will ich dir das Geheimnis enthüllen, das die tiefste Wahrheit ist. Durch die Offenbarung, meine Seher, zur Weisheit und Vollkommenheit gelangen. Wer dieser, meiner Lehre, fest vertraut und ihren tiefen Sinn erkennt, der wird nicht mehr geboren und nicht mehr berührt, von Welt-Entstehung und Welt-Untergang.
Dies Weltall ist der große Mutterleib, in dem ich aller Dinge Samen streue. Aus diesen gehen die lebendigen Wesen von jeder Art hervor. Oh Kind der Erde. Denn stets wenn ein Geschöpf geboren wird, ganz gleich wie viel und in welcher Form es entsteht, bin ich es, der Geist, der allen Leben gibt und Samen schafft, aus dem die Formen wachsen.
Satva, das Bewusstsein, Rajas, die Leidenschaft und Tamas, die Nichterkenntnis, sind die drei Gewalten der Natur.
Sie binden stets den freien Geist an die Körperwelt.
Von dieser bindet Satva das Bewusstsein, welches rein und leuchtend ist, die sündenfreie Seele durch Wohlgefallen und Glückseligkeit, die aus Erkenntnis seiner Güte stammt.
Aber Rajas, die Leidenschaft, der Begierde nahe verwandt, der Quell der Selbstsucht, ergreift die Seele, durch die Kraft der Werke, die in der Eigenheit ein Mensch vollbringt.

Tamas, die Nichterkenntnis, die Dummheit und der Unverstand, die Ausgeburt erkenntnislosen Dunkels, ein Nichts, das doch die ganze Welt beherrschen will.
Durch Schlaf und Trägheit bindet es die Seele.
So herrscht denn das Bewusstsein durch Tatendrang und Wissensdurst. Die Leidenschaft durch das Lustgefühl und die Nichterkenntnis durch die blinde Torheit, die dem Licht der Erkenntnis widersteht. Wird Leidenschaft und Dummheit überwunden, so bleibt das Licht und leuchtet klar. Geht die Erkenntnis und Begierde unter, so bleibt die Torheit übrig. Wenn die Nichterkenntnis und die Torheit schwinden, brennt noch die Leidenschaft hinfort. Wenn durch die Tore deines ganzen Wesens, das Licht der Wahrheit scheint, so wirst du finden, dass Satva, oder das Bewusstsein, in dir reif geworden ist. Wenn Sehnsucht, Habsucht oder Gewinnsucht der Seele
Ruhe stören, wisse dann, dass Rajas, die Leidenschaft, in dir Herr des Reiches ist. Wo Dummheit, Trägheit, eitler Größenwahn, hochmütige Ahnungslosigkeit, verharren im Irrtum, Zweifelsucht und Aberglaube zuhause sind, da ist Tamas, die Nichterkenntnis, der Herr. Wenn die Seele die Welt verlässt und das Bewusstsein in ihr herrscht, so geht sie ein in die Götterwelt des Lichtes. Die Gutes suchten und es fanden. Und wenn der Körper stirbt, solange die Leidenschaft in ihm die Herrschaft hält, so führt der Weg ins Reich des Feuers, dorthin, wo der Ort der erdgebundenen Wesen sich befindet. Stirbt der Mensch von Nichterkenntnis Nacht verhüllt, starrköpfig vor dem Glaubenslicht sich verschließend, so gibt er seine Menschenrechte auf und geht vertiert zu niederen Wesen ein. Das was aus Satva kommt wird gut genannt, Rajas gebiert nur Qual und Tamas ist der Unverstand. Erkenntnis kommt aus dem Bewusstsein. Gier

kommt aus der Leidenschaft, und aus der Nichterkenntnis kommt die Verdummung. Wer in der Eigenschaft von Satva steht, der schwebt im Geist in lichten Höhen empor. Beherrscht von der Leidenschaft bleibt er in der Mitte. Doch Nichterkenntnis zieht zum Abgrund hin. Wenn nun ein Mensch, der Weisheit hat, begreift, wie diese Kräfte der Natur sich offenbaren und er das erkennt, was über diesen steht, dann ist er frei. Nicht mehr vollbringt er selber dann die Werke, aus denen diese Körperwelt entsteht. Er ist von Tod, Geburt und Sünde frei und trinkt das Wasser der Unsterblichkeit.

Arjuna fragt: Woran erkennt man, Herr, denjenigen, der diesen Sieg errungen hat?

Krishna antwortet: Wer ohne seine Ruhe zu verlieren, den Glanz des Lichtes, der Begierde Feuer, der Torheit Dunkelheit, wenn sie in ihm vorhanden sind, ertragen kann und nicht durch etwas, was ihm fehlt, verbittert wird, wer so, wie einer, den dies nicht betrifft, einem Zuschauers gleich, die Spiele der Natur betrachten kann, sie folgen den Gesetzen.
Wem Lustempfindung oder Schmerzempfindung, ein Stein, oder ein Klumpen Gold, Freund und Feind gleich sind.

Wer immer erhaben über Lob und Tadel ist. Von nichts mehr angezogen werden kann und nichts mehr im Weltall fürchtet. Weil er das Gesetz, das über allen steht, erkennt, der wird ein Überwinder der Natur genannt. Und wer mir so treu und im festen Glauben ergeben ist, und vor allen ehrt, den mache ich frei von den Naturgewalten. Er geht in mich in Brahmas Wesen ein. Denn ich bin Brahmas segensreiche Wohnung, die Heimat der Unsterblichkeit, der Geist, das Dasein, die Erkenntnis, das Gesetz und aller Wesen höchste Seligkeit ...

Das Buch von der Analyse über die Eigenschaften der

Göttlichen und der Tierischen Natur eines Menschen.

Furchtlosigkeit und Herzensreinheit, Wille zum Streben zur Freiheit, Liebesfülle für alles, was da lebt, Ausdauer, Opfermut, Zurückgezogenheit, Selbstbeherrschung, Entsagung, Güte, Unschuld, Wahrheitsliebe, Freigiebigkeit, Barmherzigkeit, Geduld, Bescheidenheit, Gleichmut, innere Ruhe, Stärke, Beständigkeit, ein freudiges Gemüt, Zornlosigkeit und Milde, Verstandesklarheit und ein ruhig Herz ... das sind die Eigenschaften aller Wesen, die himmlischer Geburt entgegen gehen. In jedem Menschen wohnen zwei Naturen, die göttliche und die tierische. Die göttliche Natur habe ich dir bereits erklärt, vernimm nun die tierische Natur: Zorn, Neid, Rohheit, Selbstvergötterung, Dummheit, Heuchelei, dies sind die Zeichen der Unseligen.
Auf die das Schicksal der Nichtgötter wartet. Die himmlische Geburt bringt Seligkeit, die andere führt zur Knechtschaft und zum Leid. Doch traure deshalb nicht, teurer Prinz, dir steht der Weg zum Höchsten frei. Den Wesen, welche den Nichtgöttern gleichen, ist nicht ihr Ursprung noch ihr Ziel bekannt.
Schlafwandlern gleichend, man findet in ihnen weder Gerechtigkeit noch Verstand. Sie sagen: Diese Welt hat kein Gesetz der Ordnung, keine Wahrheit, keinen Herren, sie ist aus blindem Ungefähr entstanden. Des Daseins Zweck ist der sinnliche Genuss und diesem Irrtum folgend handeln sie. Denn unrein ist ihr Herz und ihr Gemüt verdunkelt und der Verstand verwirrt, so sind sie die Verlorenen. Der Fluch der Welt. Sie geben sich uner-

sättlichen Gelüsten hin und sind voll Zorn und Eitelkeit. Vom Schein geblendet lieben sie die Täuschung und ihre Lebensweise ist verkehrt. Die Lüge halten sie für wahr und lieben den Irrtum, der zum Tod führt. Sie kennen die Wahrheit nicht und opfern am Altar des Götzen, des Wahngeborenen selbst. Von vielerlei Verlockungen umstrickt, der Wollust, Zorn, Torheit ergeben, ist ihr Bestreben, Reichtum anzuhäufen und ihre Lüste zu befriedigen. Sie sprechen: Dieses habe ich heute erreicht und jenes hoffe ich morgen zu gewinnen. Der eine Wunsch wurde mir heute erfüllt, den anderen hoffe ich morgen zu erlangen. Schon habe ich heute diesen Feind bezwungen, jenen hoffe ich morgen zu vernichten. Ich bin ein Herr der Erde. Ich bin stark und mächtig. Ja, mein Wille ist Gesetz. Wir sind die Reichen und Hochwohlgeborenen, wer lebt so flott und elegant wie wir. Was uns belustigt, das genießen wir. So sprechen diese Wesen vom Wahn betört. Vom Wirbelsturm der Leidenschaften im Kreis getrieben und vom Netz des Irrtums umfangen. Streben sie hinab in den eklen Höllenschlund. Hochmütig, trotzig und Besitzes trunken sind diese Wesen. Ihre frommen Werke sind Heuchelei. Sie opfern nur zum Schein und wertlos sind die Gaben, die sie bringen.
Der Selbstsucht und der Eitelkeit ergeben, starrsinnig und voll Hochmut, hassen sie die Lästerer, mich in ihren eigenen
Formen und in den Formen derer, die sie zeugen.
Verhasst und hassend, grausam, herzlos, schlecht. So stehen sie als der Menschheit Abschaum da. Die Unheiligen.
Die Verlorenen verstoß ich in die Leiber der Dämonen. Und von Dämonenschoß geboren, gehen sie als Narren von Geburt zu Geburt. So wandeln sie fortan, den tiefsten Weg, bis sie sich zuletzt zu mir wieder wenden. Der

Hölle Tor ist dreifach, dreifach ist der Weg der zu Ihm führt.
Wollust, Zorn und Geiz vermeide sie. Wer sie vermeidet, der geht den rechten Weg und findet Frieden ...

Bewusstsein (SATVA)

„Das, was es herrlich erscheinen lässt, ist nur ein Widerschein meines Selbst". (Krishna)

Dieses Zitat, sollte man es voll und ganz verstehen, ist der erste Schritt zum Erkennen des göttlichen Gewahrseins in allen Dingen.

Lasst mich die Eigenschaften aufzählen, die aus dem Bewusstsein stammen:

Bescheidenheit, Beständigkeit, Reinheit, Geduld, Selbstbeherrschung, Aufrichtigkeit, Treue, Ehrfurcht vor allen Heiligen, ein zur Andacht stets gestimmtes Herz, Wahrheitsliebe, Glaubensstärke, ein fromm Gemüht, Herr über Lob und Tadel, nicht Überschätzung der Familienbande, ruhevolles Herz in Freud und Leid, ein Herz, das es liebt mit mir allein zu sein und Vielheit meidet, Verachtung sinnlicher Vergnügungen, Ausharren im Geist der Wahrheit und der Liebe, Erkenntnis für all das Übel, was Geburt verursacht.
- Dies sind die wahren Gottesweisheiten.

Göttliche Natur
Weitere Eigenschaften der göttlichen Natur sind:
Furchtlosigkeit, Bescheidenheit, innere Ruhe, ein freudiges Gemüt, Herzensreinheit, Barmherzigkeit, Freigiebigkeit, Opfermut, Entsagung, Unschuld, Liebesfülle gegenüber allem, was lebt. Dies sind Eigenschaften von

jenen, die der himmlischer Geburt entgegen gehen. Sie bringen Seligkeit.

„Es gibt selten einen menschlichen Geist und Seele, die so groß sind, um behaupten zu können, Krishna ist das All“.

Natürlich gehört auch die Erkenntnis, vollkommen im Jetzt zu leben und gedanklich dort zu sein, dazu. Da man sich so psychisches und damit auch physisches Leid erspart.
Wenn man vollkommen gegenwärtig ist, lebt man im Fluss der Harmonie, mit sich und den anderen. Jeder handelt seinem Bewusstheitsstand entsprechend. Doch kann man an der Eigenschaft, die jemand in sich trägt, den Grad der Gegenwärtigkeit erkennen.
Wenn man Werke vollbringt, ist noch darauf zu achten, dass man sie mit Hingabe, Freude oder Bereitwilligkeit vollbringt. Wenn diese Eigenschaften beim Tun nicht vorhanden sind, sollte man sein Vorhaben unterlassen. Es wäre nur Energieverschwendung, das heißt, man ist nicht im Fluss der Harmonie.
Technisch ausgedrückt, man hat einen schlechten Wirkungsgrad. Das heißt, es wird viel Lebensenergie hineingesteckt und man bekommt wenig Positives zurück. Deswegen beobachte dich selbst, nicht nur dein Denken, sondern vor allem deine Gefühle, bei allem, was du machst. Meist ist das Gefühl die Wahrheit und der Gedanke die Lüge.

„Und wer nicht gänzlich frei vom Tun ist, ist auch nicht frei vom Irrtum“. (Krishna)

„Nur was aus SATVA kommt ist gut zu heißen, RAJAS gebiert nur Qual, TAMAS aber zieht zum Abgrund hin!“

SATVA zieht den Geist zu lichten Höhen empor. RAJA hält ihn in der Mitte. TAMAS aber lässt einen verderben und sterben. (Krishna)

Die Gita über das Opfern

Wer ein Opfer selbstlos und ohne Wusch nach Lohn und Lob bringt, im Gefühl der Pflicht, so wie es das Gesetz verlangt, opfert in der SATVA Eigenschaft. Aus dem Bewusstsein.

Opfert jemand aus Gier nach Lohn, Gewinnsucht, Eitelkeit, Prahlerei oder gar um was Besseres Einzutauschen dafür, opfert er in der RAJAS Eigenschaft.

Opfert jemand sinnlos und gegen die Gesetze, erkenntnislos, dem wahren Glauben fern, ohne das Gott seinen Anteil hat, opfert jener in der TAMAS Eigenschaft.

Es ist selbstverständlich so gemeint, dass man nur darauf verzichten soll, was einem und anderen Wesen schadet.
Ich bin mir sicher, die göttliche Natur ist nicht bestechlich. Das Ego hingegen schon. Dem Göttlichen kannst du nur durch edle geistige Werke schmeicheln. Durch „gute“ Inhalte und Strukturen des Denkens und Vollbringens. Indem man z.B. einem Hungrigen zu Essen gibt, oder einem Obdachlosen ein Zuhause. Ohne dafür einen Gegenwert zu erwarten. Eine korrekte Denkstruktur ist die, in der man alle Gefühle an Mangel in sich, oder anderen auflöst. Sei der Mangel einem bewusst oder unbewusst, wenn es einem möglich ist, sollte man ihn beseitigen. Ich rede natürlich von lebensnotwendigen Maß-

nahmen. Würde ein jeder nur noch aus dem Bewusstsein Opfer bringen, gäbe es weniger Leid, in der Gesellschaft und unter den Mitmenschen. Das Ego kannst du dir kaufen, sprich durch Luxus, Protz und Dekadenz wird es gestärkt. Man kann mit Geld trotzdem Gutes bewirken, doch erzeugt es Leid nur durch dessen Existenz. Geld regiert die Welt und leider nicht immer die Vernunft!

Erwachtes Handeln eines JOGI

- Wenn jemand nicht verbittert, obwohl ihm etwas fehlt. Wenn jemand eines Zuschauers gleich, die Spiele der Natur betrachten kann. Sie folgen den Gesetzen.

-Wem Freud oder Leid, wem ein Stein oder ein klumpen Gold, wem Freund oder Feind, gleich sind. Der wird ein Überwinder der Natur genannt.

Aus den zwei Definitionen und Merksätzen, kann man schließen, wie wichtig es ist, Neutralität im Fühlen, Denken und dem damit verbundenen Handeln zu haben. Sowie auf das Nicht-Reagieren auf unangenehme Umstände, dieses
Verhalten vermeidet auch Panik, die zumeist kontraproduktiv wirkt. Hierzu benötigt man auch wieder eine beobachtende Gegenwärtigkeit, damit einen das Ego nicht überwältigen kann. Und seid vorsichtig, oft schmeißt man das Ego aus seinen Gedanken heraus, und ein Moment später, schleicht es sich wieder durch Ego-Inhalte, wie z.B. weltlichen Besitz, durch die Hintertüre in dein Denken hinein.
Die richtige Achtsamkeit ist entscheidend!
Das permanente Beobachten seiner eigenen Gedanken sowie das Abprüfen auf Struktur und Inhalt, bezie-

hungsweise zu prüfen, ob die tierische Natur oder die göttliche das Denken beeinflusst, darin kann die Erlösung liegen, von allen Leiden frei zu kommen. Es ist solange anstrengend, bis es zur Gewohnheit geworden ist (Qualitätskontrolle des Denkens).

Leidenschaft (RAJAS)

Wie der Sinn im Wort steckt, erschafft die Leidenschaft, Leiden.

„Gebt euch nicht unersättlichen Gelüsten hin, sondern seid in allen Dingen mäßig!"(Krishna)

Wie wichtig ein gewisses Maß an Selbstdisziplin ist, weiß jeder aus eigener Erfahrung. Dies gilt für alle Begierden des Lebens.

Das zu häufige Wechseln der Sexualpartner führt nicht nur dazu, dass man das Energiefeld (Aura) seines Körpers verunreinigt. Sondern auch alles, was Geburt und Tot verursacht, erzeugt unbewusst Leid!

Es gibt die Liebe die keine „Sünde" ist. Die Liebe, die von keinem der Gesetze „verboten" ist. Es ist vielmehr eine Barmherzigkeit. Respekt dem anderen gegenüber.
Eine gewisse Zuneigung. Alles, was Frieden mit sich bringt. Die Begierde mag Freude mit sich bringen, doch ist das damit verbundene Leid oft genau so groß. Die Liebe, die keine Begierde ist, erzeugt kein Leid, es ist die gleiche Liebe wie zwischen Mensch und Gott.

Es fängt schon mit der Ernährung an, die Wirkung der Nahrung ist immer dreifach. Körper, Geist und Seele sind kein getrenntes Wesen. Alle Dinge sind wechselseitig miteinander verbunden. Auch der Überkonsum ist ein Zeichen der Unbewusstheit. Jener, der weise ist, verzichtet auf die Fleischeslust jeglicher Art.

„Wer nur entbehrt, kann nicht gewinnen“(Krishna)

Der Konsum von Drogen ist mit Vorsicht zu genießen. Da man, je größer der Konsum ist, desto tiefer in die Unbewusstheit gerät. Die geistige Nahrung sollte äußerst mit Bedacht konsumiert werden. Sobald man süchtig ist, muss man teuer dafür bezahlen. Es gibt einen psychischen und physischen Schmerzkörper, doch sind beide eins. Er kann durch Konsum aktiviert werden. Der berühmte Teufelskreis tritt ein.
Der auch immer in Form von Schmerz bezahlt werden will, früher oder später. Jeder Süchtige ist sadomasochistisch veranlagt, er zahlt dafür, dass er Schmerzen erleiden darf. Man kann nur hoffen, dass die Erkenntnis vor dem Tod kommt. Diese Gefahr besteht vor allem bei „synthetischen“ Drogen. Die, die sie nehmen, versuchen sich einen Vorteil zu verschaffen, schneller, besser, cleverer wollen sie sein, doch ist diese Energie nur geborgt, dem Ego huldigen sie, man betrügt sich nur selbst. Denn das was dir gegeben wird, das wird dir auch wieder genommen. Der Konsument rutscht von der Leidenschaft in die Nichterkenntnis ab.
Bei „natürlichen“ Drogen zeigt sich der körperliche, geistige, und seelische Verfall nicht so schnell und eindeutig. Und zumeist lassen sie sich mit gutem Geschmack genießen, doch sollte man auch hier mäßig sein.

„Doch seid ohne Angst, stellt euch dem bösen seelenlosen Ding furchtlos entgegen“ (Krishna)

Nichterkenntnis (TAMAS)

Alle Eigenschaften, die der Erkenntnis widerstreben, nennt man Nichterkenntnis. Mit Schlaf und Trägheit bindet es die Seele. Man kann es auch Unbewusstheit nennen.

„Der Höllentor ist dreifach, Wollust, Zorn, Geiz, vermeide sie!" (Krishna)

Alle Arten von Süchten, zum Beispiel Spielsucht, Magersucht, Eifersucht, Drogenabhängigkeit ... um die schlimmsten zu nennen, sind Zeichen tiefer Unbewusstheit. Man leidet und zahlt noch dafür, in welcher Form auch immer.

Auch kann ich nicht gut heißen, was die Asketen machen. Ihre Absichten sind ehrenwert, sie bekämpfen ihr Ego, dadurch, dass sie Konsumverzicht üben. Ich muss keinem sagen, dass Kämpfen meist mit Schmerzen verbunden ist. Sie quälen bewusst ihren Körper, da sie nur verzichten und werden dadurch vieler Sünden ledig. Sie vergessen, dass das Göttliche überall und in jedem ist.

Lasst mich weitere Eigenschaften eindeutig benennen, die dem Licht der Erkenntnis wiederstehen: Eitler Größenwahn, hochmütige Ahnungslosigkeit, Verharren im Irrtum, Zweifelsucht und Aberglaube, Trägheit, Dummheit. Weitere
Eigenschaften der tierischen Natur sind, Zorn, Neid, Rohheit, Selbstvergötterung. Ihr Weg führt zur Knechtschaft und zum Leid.

„Doch seid ohne Sorge, aus meiner Hand wird der Feind erschlagen“. (Krishna)

Vier indische Gesetze der Spiritualität

Das Erste Gesetz sagt:

„Die Person, die dir begegnet, ist die Richtige.“

Das heißt, niemand tritt rein zufällig in unser Leben, alle Menschen, die uns umgeben, die sich mit uns austauschen, stehen für etwas, entweder um uns zu lehren, oder um uns in unserer Situation voranzubringen.

Das Zweite Gesetz sagt:

„Das, was uns passiert, ist das Einzige, was passieren konnte.“

Nichts, aber absolut nichts von dem, was uns geschieht, hätte anders sein können. Nicht einmal das unbedeutendste Detail. Es gibt einfach kein:

„Wenn ich das anders gemacht hätte ... dann wäre es anders gekommen ...“ Nein, das, was passiert ist, ist das Einzige, was passieren konnte und musste passieren, damit wir unsere Lektion lernen, um vorwärts zu kommen. Alle, ja jede einzelne der Situationen, die uns im Leben widerfahren, sind absolut perfekt, auch wenn unser Verstand, unser Ego, sich widersetzen und nicht akzeptieren will.

Das dritte Gesetz sagt:

„Jeder Moment, in dem etwas beginnt, ist der richtige Moment."

Alles beginnt genau im richtigen Moment, nicht früher und nicht später. Wenn wir dafür bereit sind, dass etwas Neues in unserem Leben geschieht, ist es bereits da, um zu beginnen.

Das vierte Gesetz sagt:

„Was zu Ende ist, ist zu Ende."

So einfach ist es. Wenn etwas in unserem Leben endet, dient es unserer Entwicklung. Deshalb ist es besser loszulassen und vorwärts zu gehen, beschenkt mit den jetzt gemachten Erfahrungen. Ich glaube, dass es kein Zufall ist, dass du das hier jetzt liest. Wenn dir dieser Text heute begegnet, dann deshalb, weil du die Voraussetzungen erfüllst und verstehst, dass nicht ein einziger Regentropfen irgendwo auf dieser Erde, aus Versehen auf einen falschen Ort fällt.

- Lass es dir gut gehen ...

- Liebe mit deinem ganzen Sein ...

- Sei glücklich ohne Ende ...

- Jeder Tag ist ein geschenkter glücklicher Tag!

Die sieben kosmischen Gesetze

Der Legende zu Folge wurden sie von Hermes dem Götterboten den Menschen auf drei gravierten Smaragdtafeln überbracht. Doch sind diese bis zum heutigen Tage spurlos verschwunden. Sie wurden jedoch zum „Glück" mündlich überliefert. Die kosmischen Gesetzmäßigkeiten, auch hermetische Gesetze, beschreiben, wie die Welt der Dualität funktioniert. Während physikalische Gesetze durch Bewusstsein oder Techniken überwunden werden können, gelten die kosmischen Gesetze für jeden uneingeschränkt, ganz gleich ob man sie kennt oder nicht. Eigentlich handelt es sich um ein einziges kosmisches Prinzip, nach dem alle ordentlichen Abläufe geregelt sind. Um es verständlicher zu machen, ist es in sieben Prinzipe aufgeteilt, die wie folgt lauten:

1. Prinzip des Geistes

Alles ist Geist. Die Quelle des Lebens ist unendlicher Schöpfergeist. Die Schöpfung ist mental.

Geist herrscht über Materie.

- Jeder Mensch kann jeder Zeit aus der Unwissenheit in das
Wissen des Lebens eintreten, und bewusst das Erbe der Vollkommenheit des Menschen und der Schöpfung annehmen. Dadurch verändert er die Welt. Gedanken schaffen und zerstören. Deine Gedanken, dein Bewusstsein schaffen deine Erlebniswelt. Entscheidend ist dabei, die Intensität des inneren Wünschen und Sehens.

- Achte auf deine Gedanken – sie können schaffen und zerstören!

2. Prinzip von Ursache und Wirkung = Karma

Jede Ursache hat eine Wirkung – Jede Wirkung hat eine Ursache.

Jede Aktion erzeugt eine bestimmte Energie, die mit gleicher Intensität zum Erzeuger zurückkehrt.

- Die Wirkung entspricht der Ursache in Qualität und Quantität. Gleiches muss gleiches erzeugen. Aktion - Reaktion. Dabei kann die Ursache auf vielen Ebenen liegen. Alles geschieht mit der Übereinstimmung mit der Gesetzmäßigkeit. Jeder Mensch ist Schöpfer, Träger und Überwinder seines Schicksals. Jeder Gedanke, jedes Gefühl, jede Tat ist eine Ursache, die eine Wirkung hat. Es gibt keine Sünde, keine Schuld, kein Zufall und kein Glück, nur Ursache und Wirkung, die viele Jahrhunderte und Existenzen auseinander liegen können. Glück und Zufall sind Bezeichnungen für das noch nicht erkannte Gesetz.

Woher hast du bestimmte Eigenschaften?

Woher kommen deine Verhaltensmuster?

- Bedenke bei all deinem Denken, Fühlen und Handeln die Wirkung!

Lass Hass, Wut und Angst los und öffne dich dem unbedingten Trauen und der Liebe.

Du allein bist für dich selbst verantwortlich!

3. Prinzip der Entsprechungen oder Analogien

Wie oben, so unten, wie unten, so oben. Wie innen, so außen, wie außen, so innen. Wie im Großen, so im Kleinen, wie im Kleinen, so im Großen.

- Für alles, was es auf der Welt gibt, gibt es auf jeder Ebene des Daseins eine Entsprechung.

- Ihr könnt das Große im Kleinen, und das Kleine im Großen erkennen. Wie du innerlich bist, so erlebst du deine Außenwelt.

Umgekehrt ist die Außenwelt dein Spiegel!

Wenn du dich veränderst, verändert sich alles um dich herum. In dir steckt das, was du von anderen denkst.

4. Prinzip der Resonanz

- Gleiches zieht gleiches an, und wird durch gleiches verstärkt. Ungleiches stößt einander ab.

- Das persönliche Verhalten bestimmt die persönlichen Verhältnisse und die gesamten Lebensumstände.

Angst zieht das Üble an!

Wer mit Krankheit, Hass, Eifersucht etc. in Resonanz steht, erhöht die Wahrscheinlichkeit, dass die befürchteten Dinge geschehen.

- Du bist, was du tust. Du ziehst all das in dein Leben, was deinen täglichen Handlungen, Gedanken und Emotionen entspricht. Negatives zieht Negatives, Dunkles, an und kann zu Depression und Tod führen.

5. Prinzip der Harmonie oder des Ausgleiches

- Der Fluss allen Lebens heißt Harmonie, zum Ausgleich. Das Stärkere bestimmt das Schwächere und gleicht es sich an.

- Das Leben sollte bestehen aus dem harmonischen Miteinander, dem Geben und Nehmen der Elemente und Kräfte, die in der Schöpfung wirken. Durch Horten und Festhalten entsteht ein Stau, der zu Krankheit und Tod führt. Leben ist Austausch, Bewegung. Verschiedene Wirkungen gleichen sich immer aus, so dass so schnell wie möglich wieder Harmonie und Ausgleich hergestellt wird. Das Leben ist ständiges Geben und Nehmen. Das Universum lebt durch dynamischen Ausgleich in Leichtigkeit, Harmonie und Liebe. Geben und Nehmen sind verschiedene Aspekte des kosmischen Energiestroms. Indem wir das geben, was wir suchen, lassen wir den Überfluss in unser Leben. Indem wir Harmonie, Freude und Liebe geben, erschaffen wir in unserem Leben Glück, Erfolg und Fülle. Von der Fülle des Lebens bekommt man nur so viel, wie man sich selbst der Fülle gegenüber öffnet. Der Mensch öffnet sich, indem er alle bewussten und unbewussten Gedanken an Mangel und Begrenzung in sich auflöst, sich von allen alten Begrenzungen trennt und Neues, Unbegrenztes wagt. Wer Fülle nicht lebt, dem bleibt sie versagt.
- Nimm die Fülle an. Bereichere dich nicht auf Kosten anderer. Du musst alles bezahlen, was du bekommst – es sei denn, es wurde dir geschenkt. Gib, um zu bekommen.

Über diesen Gesetzen, über allen Gesetzen – steht die Gnade Gottes!!!

6. Prinzip des Rhythmus oder der Schwingungen

Alles fließt hinein und wieder hinaus.
Alles besitzt seine Gezeiten.
Alles steigt und fällt.
Alles ist Schwingung.

- Nichts bleibt stehen, alles bewegt sich. Der Pendelschwung zeigt sich in allem. Das Ausmaß des Schwunges nach rechts, entspricht dem Ausmaß des Schwunges nach links! Rhythmus ist ausgleichend. Überwinde Starrheit und lebe Flexibilität. Alles was starr ist, muss zerbrechen!

7. Prinzip der Polarität und der Geschlechtlichkeit

Alles besitzt Pole. Alles ein Paar von Gegensätzen. Gleich und Ungleich ist dasselbe.

- Gegensätze sind ihrem Wesen nach identisch, sie tragen nur entgegengesetzte Vorzeichen, haben unterschiedliche Schwingungsfrequenzen.

- Alle Wahrheiten sind halbe Wahrheiten – außer der Wahrheit Gottes, die eine ist!

- Jedes Paradoxon soll in Einklang gebracht werden – in die Mitte.

- Urteile und Werte nicht. Erkenne auch die Gegenmeinung an.

- Verurteile nicht. Alle haben, vom jeweiligen Standpunkt aus gesehen, recht.

- Geschlechtlichkeit ist in allem. Alle Geschlechtlichkeit ist gleichzeitig Einheit.

- Geschlechtlichkeit manifestiert sich auf allen Ebenen. Alles besitzt männliche und weibliche Elemente. Alles ist weiblich und männlich zugleich. Geschlechtlichkeit drängt zur Einheit – Geschlechtlichkeit ist Einheit, denn Einheit enthält das männliche und das weibliche Prinzip. Lebe deinen männlichen und weiblichen Aspekt gleichermaßen. Sei ausgewogen. Sei im Gleichgewicht – in deiner Mitte!

Die Prinzipe kann man zum Gegenstand der täglichen Meditation nehmen. Oft erscheint einem dann vieles klarer. Diese Prinzipe sind auch Gegenstand der Kabbala, der mystischen Seite des Judentums. Die Basis kabbalistischer Traditionen ist die Suche des Menschen nach der Erfahrung einer unmittelbaren Beziehung zu Gott. Es gibt verschiedene kabbalistische Schriften und Schulen, aber keine Dogmatik oder prüfbare Lerninhalte, also keine allgemeingültige kabbalistische Lehre. Es kann jedoch jeder für sich selbst herausfinden, wie viel Wahrheitsgehalt sie in sich tragen. Indem man versucht, sie voll und ganz zu verstehen und danach lebt. Ihr werdet der Zeuge für ihre Gültigkeit sein.

Die schriftliche Überlieferung und Produktion der Kabbala enthält auch gnostische, neuplatonische und christliche Elemente.

Gravitation

Die Gravitation ist eine der stärksten Kräfte im Universum. Man kann die kosmischen Gesetze mit ihrer Kraft vergleichen und veranschaulichen. Einige Beispiele hierzu:

- Alles hat seine Gezeiten = die Umlaufbahnen
- Alles ist ein Geben und ein Nehmen = die Geburt, und das Sterben einer Sonne
- Alles besitzt Pole = die Pole der Erde
- Der Fluss des Lebens heißt Harmonie, zum Ausgleich = Wenn zwei Spiralgalaxien miteinander fusionieren.
-Gleiches zieht Gleiches an und wir durch Gleiches verstärkt = Wenn Asteroiden aufgrund ihrer Massenanziehung miteinander kollidieren ...

Die Quelle des Lebens ist unendlicher Schöpfergeist!

Gesetz der Harmonie

Das Gesetz der Harmonie ist das oberste der sieben kosmischen Gesetze. Von ihm kann man alle anderen Gesetze ableiten. Man sollte zu allem, was lebt, liebevoll und tolerant sein, denn die Schwingungen, die man aussendet, kommen früher oder später, wieder zu einem zurück, das Gesetz Resonanz ...

Engel und Dämonen

Wenn man es so benennen will, gibt es beides. Beides gehört zur individuellen und kollektiven menschlichen Psyche. Ihr erinnert euch, wo kein Licht, ist auch kein Schatten. Es gibt kein Gut, ohne das Böse. Es gibt das eine nicht, ohne das andere. Und wieder ist alles ein Teil, des göttlichen Spieles. Alles dient der Evolution des individuellen und kollektiven Bewusstseins.

Es gibt Besessenheit in verschiedensten Formen. Allen liegt jedoch eine tiefe Unbewusstheit zu Grunde. Jedoch wirkt das Schreiben gegenteilig, da man beim Schreiben seine Gedanken bündelt. Es hilft mir, noch bewusster zu werden, so wie es euch beim Lesen hilft, ebenfalls an Bewusstheit zu gewinnen. Uns ist beiden geholfen. Ich war zu Beginn nicht gerade von meinem schriftstellerischen Talent überzeugt, doch im Laufe der Zeit verstand ich den Sinn dieser Übung.

Deswegen urteilt und wertet nicht! Das Vorverurteilen und Bewerten sind die Eigenschaften des Ego-Verstandes. Solange der Prozess des Bewertens und Beurteilens kontrolliert und bewusst abläuft, sofern es überhaupt erforderlich ist, werden die gewonnenen Erkenntnisse von Neutralität geprägt sein.

Man gebraucht seinen Verstand, nicht umgekehrt.

Noch glaube ich an meine Fähigkeiten, einigen bei der Bewusstwerdung helfen zu können. Ich will etwas zurückgeben, da auch mir auf meinem spirituellen Weg geholfen wurde. Glaubt an euch, so wie ich an mich glaube, und vor allem glaubt an den Schöpfer allen Seins. Die Hingabe zu GOTT kann euch unsterblich machen, natürlich nur eure Seele, aber das reicht auch schon.

Die nächste Besessenheit ist nicht mehr lustig. Wenn man es miterlebt hat, wie Drogen einen Menschen verändern können, ist einem nicht mehr zum Feiern zumute. Jeder, der schon mal Alkohol getrunken hat, und dabei versucht hat, gegenwärtig zu bleiben, konnte schon bei sich und den anderen eine verhaltens- beziehungsweise bewusstseinsverändernde Wirkung feststellen. Das mag, solange alle noch die Fassung bewahren, ganz schön sein. Aber spätestens wenn der Konsum zur Gewohnheit wird, kontrolliert dich die Droge, und du bist nicht mehr du selbst. Du bist von einer Substanz besessen. Ein Großteil deines Denkens, Tuns und Handelns dreht sich nur noch um sie. Dies mit dem Alkohol, war nur ein Beispiel, es gilt natürlich für alle Substanzen, die ein gewisses Suchtpotential beinhalten. Nicht in den Drogen sucht der Kluge sein Seelenheil. Sondern in seinem Glauben zu Gott.

Die Besessenheit von anderen, sprich die Liebe, sie ist die größte Macht, um Menschen zu beeinflussen und zu manipulieren. Im positiven Sinn wie auch im negativen.
Sie erzeugt viel Freude, aber auch viel Leid.
Der Pendelschwung in die eine Richtung, entspricht dem Ausmaß des Schwunges in die andere Richtung!
Wer weise ist, verzichtet ganz auf ihre Macht. Wer frei von Liebe und Hass ist, der hat Neutralität in seinen Emotionen.
Wer neutral fühlt, denkt und handelt, der ist frei vom Ego-Verstand. Es ist die Nächstenliebe, Barmherzigkeit, Freundschaft zu allem, was lebt, was niemandem Schaden kann.

Die Besessenheit von Dingen. Manche schenken ihrer Firma, ihrem Haus, Auto, Motorrad ... mehr Aufmerksamkeit als ihren engsten Familienangehörigen. Ihnen fehlt die Liebe zu Gott, und sie probieren, durch die Liebe zu Sachen, jenes Gefühl zu kompensieren. Es ist das Ego, das solche Reaktionen verursacht. Es ist in gewisser Weise die Flucht vor sich selbst.

Wenn man sich auf den spirituellen Weg macht, auch innere Reise genannt, wird einem vieles immer klarer erscheinen. Kommt man aus irgendwelchen Gründen nicht mehr weiter, sollte man geduldig in seinem Glauben verharren. Mir ist es schon so vorgekommen, als hätte Gott mir einen Engel zur Hilfe geschickt. Der äußerte sich etwa in Form eines plötzlich starken Anstiegs der Bewusstheit und mir fielen für ein sogenanntes „Problem“ viele Lösungen ein. Manches löst sich scheinbar wie von allein. „Und wenn du glaubst es geht nicht mehr, kommt irgendwo ein Lichtlein her.“
Wenn man streng im Glauben verharrt, kann Gott durch dich wirken. Man muss dazu alle Kanäle öffnen, die sieben Chakren sollten sauber und voller Energie sein. Dies funktioniert nur mit Selbstdisziplin und regelmäßiger Meditation. Was auf der geistigen Ebene funktioniert, gibt es auch auf der materiellen Ebene. So kann es auch geschehen, dass einem Mitmenschen, ja sogar Tiere zur Hilfe kommen, oder sich die Umstände ändern, indem z.B. das Wetter angenehmer wird.

Die Verbesserung

Das Wort Erlösung kann das Loslassen aller weltlichen Dinge bedeuten. Hierin „kann“ die Befreiung des Geistes liegen. Aller materielle Besitz kann zum Inhalt des Denkens werden. Alles was dich aus der Ruhe bringt, hat auch Macht über dich. Ist dir dies jedoch bewusst, kannst du die Identifikation mit deinem Verstand auflösen, und du bist nicht mehr an das Materielle gebunden. Bei diesem Bewusstwerdungsprozess hilft die beobachtende Gegenwärtigkeit. Man sollte sein Denken genau kontrollieren, aus der Perspektive eines Zuschauers. Vor allem sollte man bei den Automatismen des Denkens achtsam sein. Also auch bei allem, was mit körperlichen Gewohnheiten zu tun hat. (Wie Innen, so im Außen) = (Wie im Körper, so im Geist). Da Gewohnheiten meist aus dem Unterbewusstsein gesteuert werden, sollte man sie gedanklich hinterfragen. Es ist die Identifikation mit der Struktur des Denkens, die Schmerzen verursachen kann. Seien sie psychisch, oder auch physisch. Nur weil man etwas schon immer so gedacht und gemacht hat, heißt es noch lange nicht, dass es optimal ist, für dich und/oder die anderen. Man könnte diesen gedanklichen Reifeprozess auch als Qualitätskontrolle des eigenen Denkens bezeichnen. Somit könnte man sich systematische „Fehler“ des Denkens ersparen. Es wird schnell spürbar sein, dass dein Handeln ebenfalls an Qualität zunimmt. Manches erledigt sich wie von allein. Man kommt in den „Fluss“ des Lebens. Eine gute Übung hierzu ist, sich in jeden Moment hineinzufühlen, alle Sinne bewusst wahrzunehmen und die Umwelt zu spüren. Gehe immer tiefer ins Jetzt und versuche jeden Moment zu genießen.

Die Sonne

Der äußere Schein kann trügerisch sein, wenn man nur das glaubt, was man mit dem Auge erfassen kann. Den äußeren Schein einer schönen Frau oder eines Mannes zum Beispiel, repräsentiert nicht sein ganzes Wesen. Manch einer lässt sich hinreißen, anderer kann der Versuchung widerstehen.

Es ist die Eigenschaft der Leidenschaft, die das Denken beeinflussen will. Ausschlaggebend dafür, wie man sich verhält, ist wieder dein Grad an Gegenwärtigkeit.

Man kann sich auch vom inneren Schein trügen lassen, manch einer oder eine, täuscht dir nur eine Freundschaft vor, um dich benutzen zu können, dich zu manipulieren. Bis man dahinter kommt und auf sein wahres Wessen trifft.
Mehr Schein als Sein.
Die verlogene Maskerade, innerlich oder äußerlich,
die Erkenntnis kann schmerzhaft sein.
Man sollte immer vorsichtig sein. Und sich überlegen, wieso einer etwas tut. Und was er damit bezwecken will.
Meist reicht es schon, dass man sich die Frage stellt,
die Antwort kommt dann von ganz alleine.

Bibelgeschichten

In der Bibel ist es das Gleichnis von Adam und Eva und der Schlange, die beide verführen will. Der Apfel stellt natürlich die Frucht der beiden da, ein Kind. Doch war zu der Zeit die Erde noch nicht so dicht bevölkert, das sie unter deren Last außer Gleichgewicht gekommen wäre.

Die Erkenntnis über die Gefahr war damals schon vorhanden. Vor allem war jenen
bewusst, dass man nichts mitnehmen kann und darf, außer sein Bewusstsein.
Das mit der Arche Noah sollte auch als Warnung verstanden werden. Man denke an die Dinosaurier. Man rechnet dem Feuer immer eine transformierende Kraft zu. So viel zur Offenbarung des Johannes, er sah die Vergangenheit.
Es heißt:
„Sein Wille geschehe, wie im Himmel so auch auf Erden". Das Bewusstsein kam in der Form nicht weiter, Gott schuf neue Formen, in der sich das göttliche Gewahrsein entwickeln und zeigen konnte.
„Und da sah ich einen neuen Himmel und eine neue Erde".
Nichts kann verloren gehen, es wird nur transformiert.
Das Gleichnis von Sodom und Gomorra (1. Mose Kapitel 19), kann ebenfalls als Warnung verstanden werden.
Die Liebenden, die aus der lasterhaften Stadt flohen, da sie von den zwei Engeln gewarnt wurden, sich nicht umzudrehen, um zurückzuschauen (um in die Vergangenheit zu blicken), und da Lots Frau dies doch tat und dadurch zur Salzsäule erstarrte (weil sie nicht gegenwärtig genug war), ist eine Metapher, möglichst im gegenwärtigen Moment zu sein und auf Warnungen zu hören.
Das Erinnern an die Vergangenheit
hindert das geistige Weiterkommen im gegenwärtigen Moment.

Solange der Mensch an die Form gebunden ist, kann er seine tierische Natur nicht völlig leugnen. Aber durch Bewusstsein so weit zügeln, dass die göttliche Natur scheinen kann. Es gibt kein gut ohne böse, kein Yin ohne Yang, keinen weiblichen ohne männlichen Aspekt, kein

Nehmen ohne Geben. Doch man kann es kontrollieren, sodass die Hochs und die Tiefs nicht so weit auseinander reichen.

Alle Geschlechtlichkeit führt zur Einheit.

IZANAGI UND IZANANI

Die Weisheit in der japanischen Mythologie, aus ihr entstand der Schintoismus, man muss ihn nur richtig deuten.

Da zu frühen Zeiten, nur sehr wenige Schreiben und Lesen konnten, versuchte man die spirituelle Lehre in Geschichten zu übermitteln. Jedoch hat man versucht, die Wahrheit in einen für alle verständlichen Merksatz zu packen.

- Die drei Affen, die nichts Böses sehen, nichts Böses sagen, und nichts Böses hören!

Das Resultat aus diesem Glaubenssatz ist somit, dass man auch nichts Böses denkt, (bewusstes Denken). Ihnen war bewusst, dass alles Existierende beseelt ist, also elementares Bewusstsein hat. Die göttliche Natur ist somit, zu erkennen, dass alles, was einem herrlich erscheint, und Schönheit mit sich bringt, von der göttlichen Natur entstammen muss. Deswegen war ihnen die Natur heilig. Dieser Glaube, gepaart mit dem Buddhismus, ist in Japan stark verbreitet.
Es gibt noch weitere Weisheitslehren, die in Asien weit verbreitet sind und ebenfalls zum Ziel führen können.

Daoismus, Konfuzianismus und Buddhismus

Die Vielzahl der chinesischen Götter geht auf verschiedene Wurzeln zurück. Manche stammten aus dem

Daoismus. Sie waren einmal Sterbliche gewesen, die dank Studium, Erkenntnis oder der Anleitung eines Weisen, Unsterblichkeit erlangt hatten. Andere kamen aus der konfuzianischen Tradition und waren unsterblich gewordene Gelehrte, oder Anhänger des Konfuzius. Wieder andere Lichtgestalten entstammen dem Buddhismus und hatten Erleuchtung erlangt. Von ihnen erflehten die Chinesen Beistand, vor allem von Buddha selbst und von Kuanyin, Göttin der Barmherzigkeit. Da die Mythologien von Daoismus, Konfuzianismus und Buddhismus miteinander verschmolzen sind, enthält die chinesische Mythologie wichtige Elemente aus allen drei Glaubenssystemen.

Konfuzius Zitate: (23 Stück)

- Es ist besser, ein einziges kleines Licht anzuzünden, als die Dunkelheit zu verfluchen.

- Fordere viel von dir selbst und erwarte wenig von den anderen. So wird dir Ärger erspart.

- Wer einen Fehler gemacht hat und ihn nicht korrigiert, begeht einen zweiten.

- Zu wissen, was man weiß, und zu wissen, was man tut, das ist Wissen.

- Lernen ohne zu denken, ist eitel; denken ohne zu lernen, ist gefährlich.

- Die Erfahrung ist wie eine Laterne im Rücken, sie beleuchtet stets nur das Stück Weg, das wir bereits hinter uns haben.

- Der Mensch hat dreierlei Wege klug zu handeln: Durch Nachdenken ist der edelste, durch Nachahmen der einfachste, durch Erfahrung der bitterste.

- Was du liebst, lass frei. Kommt es zurück, gehört es dir, für immer.

- Ist man in kleinen Dingen nicht geduldig, bringt man die großen Vorhaben zum Scheitern.

- Was du mir sagst, das vergesse ich. Was du mir zeigst, daran erinnere ich mich. Was du mich tun lässt, das verstehe ich.

- Gute Worte und schmeichelnde Gesichter, vereinen sich selten mit einem guten Charakter.

- Wenn über das Grundsätzliche keine Einigkeit besteht, ist es sinnlos, miteinander Pläne zu machen.

- Der Weg ist das Ziel.

- Der Mensch stolpert nicht über Berge, sondern über Maulwurfshügel.

- Nur die Weisheiten und die Dümmsten können sich nicht ändern.

- Wenn du die Absicht hast, dich zu erneuern, tu es jeden Tag.

- Von Natur aus sind die Menschen fast gleich, erst die Gewohnheiten entfernen sie voneinander.

- Wer ständig glücklich sein möchte, muss sich oft verändern.

- Der sittliche Mensch liebt seine Seele, der gewöhnliche sein Eigentum.

- Der Anführer eines großen Heeres kann besiegt werden. Aber den festen Entschluss eines einzigen kannst du nicht wankend machen.

- Wer Geist hat, hat sicher auch das rechte Wort, aber wer Wort hat, hat deswegen noch nicht den notwendigen Geist.

- An einem edlen Pferd schätzt man nicht seine Kraft, sondern seinen Charakter.

- Essen und Beischlaf sind die beiden großen Begierden des Mannes.

Daoismus (Taoismus)

Der Daoismus ist eine chinesische Philosophie und Religion,
in deren Zentrum die Lehre vom Dao, steht.
Das Wort „Daoismus“ wird als „Lehre vom Weg“ übersetzt.
Historisch betrachtet, geht der Daoismus auf das vierte Jahrhundert vor Christus zurück. In dieser Zeit schrieb ein legendärer Autor das Buch vom Sinn und Leben, „Tao Te King“. Das Werk ist eine Sammlung von Spruchkapiteln und stellt die Gründungsschrift des Daoismus dar. Der vermeintliche Autor wird als „Laotse“ bezeichnet. „Laotse“ bedeutet alter Meister. Yin und Yang sind Begriffe, die die Gegensätzlichkeit aller Dinge bezeichnen. Die untrennbaren Verbindungen von Gegensätzen: Ohne Trauer keine Freude, ohne Tag keine Nacht, ohne Sommer kein Winter etc. Es wird in ihrer gegenseitigen Abhängigkeit deutlich, dass sie kontinuierlichem Wandel unterzogen sind.

Die Ethik im Daoismus

Der Daoismus besagt, dass sich alle Menschen am großen Dao ausrichten sollen. Durch das Beobachten und nicht Eingreifen in die Welt, soll man sich des Daos gewahr werden und den eigenen Platz im Kosmos einnehmen. Natürlichkeit und Spontanität sind die leitenden Prinzipien taoistischer Ethik. Durch eine feine Intuition kann man sich dem Lauf der Dinge anpassen und den Zustand einer heiteren Gelassenheit erlangen. Da alles im Wandel ist, geht es auch stets darum, sich stets den Bedingungen bestmöglich anpassen zu können. Das Nicht-Erzwingen und damit letztlich das Nicht-Handeln werden als „Wu Wei" bezeichnet. Ein blinder Aktionismus soll durch innere Ruhe und angemessenes Tun ersetzt werden. Selbstbezogenheit ist hinderlich am Handlungsprinzip des „Geschehenlassens" und kann durch spezielle Übungen reduziert werden.

Islam

Was so viel heißt wie, der Diener Gottes. Auch im Islam ist die Wahrheit zu finden. Der Prophet Mohammed hielt ebenfalls die Moral hoch und wollte Gott den Menschen näher bringen. In der heiligen Schrift des Islam, im Koran, konnte ich einige erwähnenswerte interessante Stellen finden. Außerdem glaube ich, dass auch dieser Prophet niemanden durch Gewalt zu irgendetwas zwingen wollte.
Denn eine Weisheit sagt:
„Die Feder ist mächtiger als das Schwert."

Das Glaubensbekenntnis (Shahada)

- Eigentlich das Bekenntnis der Gläubigkeit.

- Es lautet: „La illah illa Allah wa Muhammad rasul Allah".

--„Es gibt keinen Gott außer Allah und Mohammed ist sein Prophet".

Es sind die ersten Worte, die einem Kind nach der Geburt in das Ohr geflüstert werden. Es sind die letzten Worte, die ein Muslim im Sterben haucht. Jeder betet es viele Male am Tag. Der Muezzin ruft es vom Minarett.

Wer das Bekenntnis ausspricht, der anerkennt stillschweigend drei weitere Glaubensartikel:

- Den Glauben an den Koran als das Wort Allahs.

- Den Glauben an die Engel als Boten Allahs.

- Den Glauben an einen Tag des Jüngsten Gerichts für alle Menschen.

Koran 2:256

In der Religion gibt es keinen Zwang. Der rechte Weg des Glaubens ist durch die Verkündigung des Islam klar geworden, so dass er sich vor der Verirrung des heidnischen Unglaubens deutlich abhebt. Wer nun an die Götzen nicht glaubt, an Allah aber glaubt, der hält sich damit an der festesten Handhabe, bei der es kein Reißen gibt. Und Allah hört und weiß alles.

Eines der islamischen Hauptgebete: (Al-Fatiha, Sure 1)

Im Namen des barmherzigen und gnädigen Allahs. Lob sei Allah, dem Herren der Menschen in der Welt, dem Barmherzigen und Gnädigen,

der am Tag des Gerichts regiert!

Dir dienen wir, und dich bitten wir um Hilfe. Führe uns den geraden Weg,

den Weg derer, denen du Gnade erwiesen hast, nicht den Weg derer, die deiner Ungnade verfallen sind und irre gehen!

Der gute Hirte

Ich bin evangelisch getauft und im vierzehnten Lebensjahr konfirmiert. Als ich wieder zu Gott fand, war das erste, was mir einfiel und dessen spirituelle Botschaft ich noch kannte, der Psalm 23, ein Psalm Davids. Nach meinen heutigen Erkenntnissen ist es ein Gebet, dessen Inhalt der Wahrheit nahe kommt. Dank sei Martin Luther, der einiges durchmachen musste, weil er für die Vernunft und Wahrheitsfindung eingestanden ist.

Der gute Hirte

Der HERR ist mein Hirte, mir wird nichts mangeln.

Er weidet mich auf grünen Auen / und führet mich zum frischen Wasser.

Er erquicket meine Seele. / Er führet mich auf rechter Straße, um seines Namens willen.

Und ob ich schon wanderte im finsteren Tal, / fürchte ich kein Unglück;

Denn du bist bei mir, / dein Stecken und Stab tröstet mich.

Du bereitest mir einen Tisch / im Angesicht meiner Feinde.

Du salbest mein Haupt mit Öl / und schenkest mir voll ein. Gutes und Barmherzigkeit werden mir folgen ein Leben lang, / und ich werde bleiben im Hause des HERRN immerdar. Amen.

Martin Luther hatte zu seiner Zeit ein erwachtes Bewusstsein, und holte das Beste aus den ihm zur Verfügung stehenden Quellen heraus. Der Grund, weshalb einiges an Jesus spiritueller Kraft in der Bibel verloren ging, waren die Übertragungs- und Übersetzungsfehler, und das vielleicht einige Evangelien ganz vergessen wurden (z.B. Evangelium der Maria Magdalena). Des Weiteren hatten einige Leute ihre persönliche Note mit eingebracht, und somit den Sinn verfälscht. Trotzdem schimmert immer noch etwas Göttlichkeit in den Worten, vor allem bei den Zitaten und Gebeten von jenem Propheten. Heute im Informationszeitalter kann man auf mehrere Quellen zurückgreifen und kommt so der Wahrheit näher.

Der heilige Gral

Viele waren schon auf der Suche nach ihm, es gibt viele Mythen und Legenden. Jedoch suchten sie nur im außen und verloren sich in der Welt der Form. Keiner vermutete, dass er in jedem von uns steckt, also nichts Greifbares ist, dass der Weg zu Gott mit nichts Materiellen, sondern mit geistlichen Werten bezahlt werden muss. Es ist der gleiche Irrglaube, dass es ein goldener, mit Juwelen besetzter, Kelch sein muss und unglaublich wertvoll. Wertvoll ist er, doch war Jesus ein Zimmermann und nicht materialistisch reich, sondern geistig, es konnte also maximal ein Holzbecher sein. Der seine Symbolik genauso erfüllt, wie der goldene. Es war das falsche Bildnis. Der falsche Bilderrahmen. Jesus wurde an ein Holzkreuz genagelt. Dafür tragen es seine Anhänger als Schmuck um den Hals. Körperschmuck egal welcher Art, ist auch wieder Ausdruck des Ego. Genau wie Moses Hirtenstab nicht aus Gold, sondern aus Holz war. Gold steht für etwas Unvergängliches, Wertvolles wie der

Glaube zu Gott. Das Holzkreuz ist ein Folterinstrument und symbolisiert den Schmerz, der genauso vergänglich ist, wie das Holzkreuz. Holz ist etwas Organisches, wie das Leben, das kommt und irgendwann wieder vergeht. Genug der Anspielungen, man soll die Hoffnung nicht aufgeben. Ich hoffe nur, dass die Menschen durch Reformen ihre veralteten, vom Ego dominierten Anschauungsweisen überdenken und so der spirituellen Wahrheit näher kommen können. Das Übel ist die falsche Struktur des Denkens, und nicht der Inhalt.

Ich glaube, dass so manche Anschauungsweisen nicht im Sinne der Religionsstifter gewesen sind oder waren. Man sollte aus den Geschehnissen der Zeit lernen.
Die Zeit mag Wunden heilen, doch vergessen sollte man nicht. Dennoch sollte man vergeben.

Ein frommer Christ sollte nach den 10 Geboten leben. Wer sie ernsthaft und mit Hingabe befolgt, dem stehen Himmelstore offen.

Zur Erinnerung, die Bibel, 5. Buch Mose, Kapitel 5:

Ich stand zu derselben Zeit zwischen dem HERREN und euch, um euch des HERREN Wort zu verkünden; denn ihr fürchtetet euch vor dem Feuer und gingt nicht auf den Berg. Und er sprach:

„Ich bin der HERR, dein Gott, der dich aus Ägyptenland geführt hat, aus der Knechtschaft.
Du sollst keine anderen Götter haben neben mir.

Du sollst dir kein Bildnis machen in irgendeiner Gestalt, weder von dem, was oben im Himmel, noch von dem, was unten auf Erden, noch von dem, was im Wasser unter der Erde ist. Du sollst sie nicht anbeten, noch ihnen dienen. Denn ich der HERR, dein Gott, bin ein eifernder Gott, der die Missetat der Väter heimsucht bis ins dritte und vierte Glied an den Kindern derer, die mich hassen, aber Barmherzigkeit erweist, an vielen Tausend, die mich lieben und meine Gebote halten.

Du sollst den Namen des HERREN, deines Gottes, nicht missbrauchen; denn der HERR wird den nicht ungestraft lassen, der seinen Namen missbraucht.

Den Sabbattag sollst du halten, dass du ihn heiligest, wie dir der HERR dein Gott, geboten hat. Sechs Tage sollst du arbeiten und all deine Werke tun. Aber am siebten Tag, ist der Sabbat des HERRN, deines Gottes. Da sollst du keine Arbeit tun, auch nicht dein Sohn, deine Tochter, dein Knecht, deine Magd, dein Rind, dein Esel, all dein Vieh, auch nicht dein Fremdling, der in deiner Stadt lebt, auf dass dein Knecht und deine Magd ruhen gleichwie du. Denn du sollst daran denken, dass auch du Knecht in Ägyptenland warst und der HERR, dein Gott, dich von dort herausgeführt hat mit mächtiger Hand und ausgerecktem Arm. Darum hat dir der HERR dein Gott, geboten, dass du den Sabbattag halten sollst.

Du sollst deinen Vater und deine Mutter ehren, wie dir der HERR dein Gott geboten hat, auf das du lange lebest und dir es wohl ergehe in dem Lande, das dir der HERR, dein Gott, geben wird.

Du sollst nicht töten.

Du sollst nicht ehebrechen.

Du sollst nicht stehlen.

Du sollst nicht falsch Zeugnis reden wider deinen Nächsten.

Du sollst nicht begehren deines Nächsten Weib.

Du sollst nicht begehren deines Nächsten Haus, Acker, Knecht, Magd, Rind, Esel noch alles, was sein ist".

Der Inhalt der zitierten Worte ist meiner Meinung nach der heilige Gral. Wer sie fromm befolgt, kann Unsterblichkeit erlangen. Ich gehe davon aus, dass Martin Luther sich ein
Vorbild an Mose nahm. Die Vorgehensweise war die gleiche. Gewiss ist, dass beide von ein und demselben heiligen Geist erfüllt waren, und noch sind.

Es steht natürliche jedem frei, die heiligen Worte zu deuten, wie es jeder für richtig hält. Vom jeweiligen Standpunkt aus,
hat ein jeder recht. Man sollte nur bedenken, dass auf jede Aktion, immer eine bestimmte Reaktion folgt.
Das jede Ursache immer eine Wirkung hat. Und jede Wirkung immer eine bestimmte Ursache zugrunde liegt. Die dann die Qualität des Karmas bestimmen. Jeder mag sich frei entscheiden, doch muss man dann auch mit den Konsequenzen leben.
Möge euch die Erkenntnis zur Wahrheit führen, möget ihr Vergebung im Gebet finden. Denn über diesen Geboten, wie über allen Gesetzen, steht die Gnade GOTTES.

Er wird kommen, um Gericht zu halten. Die, an denen er Wohlgefallen findet, wird er in den Himmel empor heben. Die, die ihm trotzen und die ihre Realität über die seine setzten wollen, werden es schwer haben.

Zu den geschichtlichen Hintergründen. Zu Martin Luthers Lebzeiten, auch finsteres Mittelalter genannt, konnten nur wenige Gelehrte Lesen und Schreiben. Je-

manden zu kennen, der Deutsch, Hebräisch oder alt Griechisch konnte, kam schon einer kleinen Sensation gleich. Versetzt man sich in die Lage jenes Volkes, glauben zu wollen, aber in der Kirche nur Latein oder die anderen unverständlichen Sprachen zu hören, kann man Martin Luthers Leistungen nicht genug würdigen.
Der damalige Papst in Rom, verhängte die Reichsacht über den Mönch. Martin Luther wurde somit zum Vogelfreien erklärt. Das hieß, jeder durfte ihn, ohne Androhung von Strafe, ermorden. Martin Luther hatte das Glück, von seinen eigenen Landesfürsten entführt zu werden (Schutzhaft).
Da viele es bereits zu jener Zeit schätzten, die Heilige Schrift in ihrer Muttersprache zu lesen, waren sie dem Übersetzer zu Dank verpflichtet. Eine dogmatische Religionsausübung ist sinnlos, was bringt es, Gebete zu sprechen, deren Inhalt man nicht versteht. Zu dieser Zeit hat manch einer ganz schön fantasievoll sein müssen, dass er auf zehn Gebote gekommen ist, man hat ja nirgendwo schnell nachschauen können. Dies änderte sich dann mit Martin Luther, und kein Wunder, dass er so schnell, so viele, Anhänger für seine „neue" Kirche fand. Und endlich verstanden sie, um was es in der Bibel geht. Sie konnten sich auf die innere Reise begeben, und spirituell reifen. Damit wuchs auch das kollektive göttliche Gewahrsein, da einige den Weg zur Quelle fanden. Was kann es Wertvolleres geben?
In den Gebeten ist die größte spirituelle Kraft der Propheten enthalten, da sie von ihnen oft selbst formuliert wurden und somit am meisten Wahrheitsgehalt, Weisheit in sich tragen.

Der Vollständigkeit halber, da es erwähnenswert ist und in allen christlichen Traditionen vorkommt, das Glaubensbekenntnis und Vaterunser:

Ich glaube an Gott,

den Vater, den Allmächtigen,

den Schöpfer des Himmels und der Erde,

und an Jesus Christus,

seinen eingeborenen Sohn, unseren Herren,

empfangen durch den Heiligen Geist,

geboren von der Jungfrau Maria,

gelitten unter Pontius Pilatus,

gekreuzigt, gestorben und begraben,

hinabgestiegen in das Reich des Todes,

am dritten Tage auferstanden von den Toten,

aufgefahren in den Himmel;

er sitzt zur Rechten Gottes;

des allmächtigen Vaters;

von dort wird er kommen,

zu richten die lebenden und die Toten.
Ich glaube an den Heiligen Geist, die heilige christliche

Kirche, Gemeinschaft der Heiligen,

Vergebung der Sünden, Auferstehung der Toten, und das

ewige Leben. Amen

Das Vaterunser

Vater unser im Himmel.

Geheiligt werde dein Name.

Dein Reich komme.

Dein Wille geschehe, wie im Himmel, so auf Erden.

Unser tägliches Brot, gib uns heute.

Und vergib uns unsere Schuld, wie auch wir vergeben unseren Schuldigern.

Und führe uns nicht in Versuchung.

Sondern erlöse uns von dem Bösen.

Denn dein ist das Reich, und die Kraft und die Herrlichkeit in Ewigkeit.

Amen.

Nur ein Zitat

Worte sind nur Anhaftungen an die Zeit, doch ist in ihnen auch die göttliche Weisheit und Wahrheit zu finden.

„Ich bin die Wahrheit, der Weg (das Leben), und das Ziel (Gott)."

„Den Splitter in deines Bruders Auge siehst du, den Balken in deinem, jedoch nicht".

„Der, der frei von Sünde ist, der werfe den ersten Stein".

„Häuft auf Erden nicht so viele Reichtümer an, wo Motten und Rost sie zerfressen und Diebe kommen sie zu stehlen“.

„Die Wege, des Herren sind unergründlich“.

„Liebe deinen Nächsten wie dich selbst“.

„Wenn dich einer auf die Wange schlägt, so halte ihm die andere hin“.

„Bevor du in meines Vaters Hause eintrittst, mach dich frei von Sünde“.

„Geben ist seliger denn Nehmen“.

„Das was du säst, das wirst du ernten“.

„Sorge dich nicht um das Morgen, lassen dich sorgenvolle Gedanken einen Tag länger leben?“

„Gehe hin und tue Gutes“.

„Wo zwei in meinen Geist Weilen, bin ich unter euch“.

Schamanismus

Vorweg: Bei meinen Überlegungen handelt es sich nur um Hypothesen. Alles ist gut so, wie es ist, und kann gar nicht anders sein. Man muss aus seiner Situation immer das Beste machen, die Aufgaben des Lebens bewältigen und die Lektionen lernen!

Alle Naturvölker haben ihre Heiler, Medizinmänner und Seher. Oder die weiblichen Formen von ihnen. Ohne dass sie einer bestimmten Religion angehörten, versuchten sie der Allgemeinheit zu dienen. Deshalb waren sie hoch angesehen und verehrt. Die Verbundenheit zur Natur zeichnete sie aus. Sie sahen in ihr die göttliche Schönheit. Und die Antwort auf all ihre Fragen. Sie haben meist einen Ahnenkult. Sie wussten, dass es Schmerzen mit sich bringen konnte, einen bestimmten Stammbaum zu haben. Man nennt es auch Erbsünde. Ein Zeichen dafür, dass sich gewisse „Blutlinien", „Seelenlinien", des gleichen Geistes schon zu oft miteinander gekreuzt haben. Geistiger Inzucht. Der sich genauso äußert wie der physische Inzucht, in Krankheit. Wenn etwas unkontrolliert wächst und zu groß wird, nennt man es auf der körperlichen Ebene Krebs. Wie nennt man es auf der geistigen Ebene? Geisteskrankheit?!

Ist das Eine, eine Ursache des Anderen?

Welche Zusammenhänge bestehen?

Deswegen kann man mit Recht behaupten, dass manche Ehen statt im Himmel, in der Hölle geschlossen werden. Deswegen

ist in manchen Familien der Schmerzkörper ausgeprägter als in anderen. Das Ego versucht weiter zu wachsen, das elementare und geistige Bewusstsein versucht zu

warnen. Meist scheitern solche Ehen nach erfolgreicher Fortpflanzung. Das Ego hat sein Ziel erreicht. Die Erbsünde, der „Sündenfall“ ist weitergegeben.
Leider ist bei den Eltern dann häufig die Bewusstseinsentwicklung gehemmt. Da durch die Geburt ihres Kindes auch ihr Ego gewachsen ist. Dies kann das Entwickeln von neuem Bewusstsein verhindern, da man sich ja wieder an die Form gebunden hat. Vielleicht lässt sich so ein plötzlicher Kindstod erklären, oder das Versterben einer Mutter bei der Geburt ihres Kindes, oder dass manche unfruchtbar sind und keine Kinder bekommen können, oder wollen, da ihr Bewusstsein bereits die „Problematik“ erkannt hat. Die Daseinsgier (Ego) war stärker als die Vernunft. Dem Kind steht aber im gegenwärtigen Leben noch der Weg zum Allmächtigen frei, wenn der Wille stark genug ist, und die Einstellung stimmt. Es sollte nicht heißen der „Sünde Kind“, sondern eher der „Sünde Eltern“. Da ein Kind für sein Dasein nichts kann.
Des Weiteren sollte man sich die Frage stellen:
Aus welcher Motivation heraus, wurde die Heirat vollzogen?
Wegen weltlichen Dingen, wie zum Beispiel: Geld, Sex, Macht,
also aus dem Ego heraus?
Oder war es tatsächlich nur Liebe wegen?

Der eigentliche Grund dieses beschriebenen Wahnsinns, ist natürlich wieder auf die Unbewusstheit der Menschen zurückzuführen. Keine Sorge, jeder verhält sich seines Bewusstheitsstandes entsprechend. Doch man sollte nicht, wenn einen der persönliche Schmerzkörper wecken will, durch den Konsum von harten Drogen oder Medikamenten entgegenwirken. Das macht alles nur schlimmer. Man rutscht immer tiefer in die Unbewusstheit. Anstatt sich an die Bewusstwerdung der „Ursache“

zu machen. Der Grund für die nicht einwandfreie Geisteshaltung ist natürlich wieder die nicht optimalen Denkweise, es liegt an dem Inhalt oder der Struktur der Gedanken, die nicht optimal sind und somit im Körper Schmerzen verursachen.
Das Ego ist zu selbstverliebt, es bekommt von sich nicht genug. Das Resultat ist, wie eben beschrieben.

Wie uns die Geschichte zeigte, hat Radikalismus und Fanatismus in egal welcher Hinsicht kontraproduktiv gewirkt. Man könnte dem so entgegenwirken, wie folgt: Die Globalisierung ist Segen und Fluch zugleich. Das Gute an der Sache könnte sein, dass sich viele Völker und Kulturen miteinander mischen. Ein Weltgeist, eine Nation, ein Volk, könnte die Lösung sein. Das Ego trennt, Gott vereint!

Wo kann man die Herrlichkeit und Schönheit des Schöpfers allen Seins noch erfahren? In der Musik, in der Kunst. Doch gebt Acht, in wessen Auftrag sie geschaffen wurde! War es das Ego, was dazu veranlasst hat, oder ist das Werk dem Schöpfer allen Seins gewidmet und ist auch aus dem Sein entstanden?
Meist ist es so, dass ein Werk, das einem „Erleuchteten“ Freude bereitet, einem Egogetriebenen nicht gefällt, und umgekehrt. Dann gibt es noch die Kompromisse. Letztendlich lässt sich sagen, was im Namen der Vernunft existiert, ist von Gott. Was wahnsinnige Ausmaße annimmt, ist dem Ego gewidmet.
Meist liebt das Ego die Superlative. Gott hingegen das Optimum. Wovon man auch den Geisteszustand optimistisch ableiten kann. Wie schon erwähnt, sollte man in allen Dingen mäßig sein. Die Besessenheit vom Ego hingegen zeichnet sich durch Arroganz, Überheblichkeit und Aggressivität aus.

Dieses Verhalten ist das Resultat tiefer Unbewusstheit. Sollte es dir begegnen, lass es an dir vorbeigehen und ins Leere laufen.
Denk positiv und lass dich zu keiner Reaktion hinreißen! Denn genau das will das Ego. Daraus zieht es seine Kraft. Wenn du gegenwärtig genug bist, bleibst du ruhig.
Diese spirituelle Übung, des Nicht-Reagierens, ist gut für deine Bewusstwerdung.

Ein Sprichwort sagt: „Umgebe dich mit deinen Freunden, aber deine Feinde (Ego) halte dir ganz nah". Durch beobachtende Gegenwärtigkeit. Besser noch, hab keine Feinde. Oder mache deinen Feind, zum Freund.

Und gebt Acht, wenn ihr Feuer mit Feuer bekämpft, aus welcher Richtung der Wind kommt!

Diejenigen die vielleicht zeitweise depressiv sind und sogar Selbstmordgedanken haben, sollten gewarnt sein, dass Davonlaufen deine Probleme nicht löst. Das Ego.

Wer sagt: „Du kannst so nicht weiterleben?" Der emotionale Schmerzkörper. Nütze diese Erkenntnis, und verändere dich selbst. Du wirst sehen, wenn du dich veränderst, ändert sich alles um dich herum. Du kannst andere nicht ändern, aber dich selbst! Ändere deine mentale Einstellung zum Leben. Erfreu dich an den Kleinigkeiten des Lebens, sei positiver. Notfalls nehme professionelle Hilfe an, der einzige, der sich in dir weigert, ist dein Ego. Der Selbstmord ist, wie jeder andere Mord, schlecht fürs Karma, du zahlst in doppelter Hinsicht dafür. Es hilft nur, seine Lektion zu lernen, und gib dich nicht selbst auf. „Der Wille, kann Berge versetzen". Wer sein Leben achtlos wegwirft, wird wahrscheinlich im nächsten mit ähnlichen Lebensumständen konfrontiert werden. Es hilft einem nur, wenn man aus den gemachten Erfahrungen lernt, und das Beste daraus macht. Das Bewusstsein entwickelt sich evolutionär. Es ist wahrscheinlich, dass jeder, jede Erfahrung machen muss, um sich geistig weiterzuentwickeln. Denk daran, du bist nicht allein. Viele haben ein ähnliches Schicksal. Du kannst nur versuchen, so bewusst wie nur möglich zu leben, dann bleibt dir viel Leid erspart.

Zurück zum Ursprung

Für mich am beeindruckendsten ist die Lebensweise einiger, leider immer weniger werdenden, noch existierenden, naturverbundenen Kulturen. Da sie sich nur das aus der Natur nehmen, was sie wirklich zum Leben brauchen. Sie verursachen keinen Müll, der sich nicht innerhalb weniger Tage oder Monate wieder in den Kreislauf der Natur auflöst.

Sie haben meistens keinerlei großen Besitz, der sie an das

Irdische fesselt und ihr Ego künstlich aufbläht, durch Identifikation mit demselben. Das, was sie haben, passt meist in ein Tragetuch. Trotzdem verspüren sie keinen Mangel.

Sie sind glücklich, lebensfroh und freuen sich über jede Kleinigkeit, die ihnen von Nutzen ist. Sie spielen keine Maskerade, sondern sind immer sie selbst. Ein weiter Vorteil, wenn man ohne elektrischen Strom lebt, ist, dass man von einem die Menschheit zumeist negativ beeinflussenden Instrument verschont bleibt: den Massenmedien (Radio, TV, Internet etc.), wo meistens Mangel,

Armut, Gewalt zu sehen sind oder deren Gegenteil. Das Ego liebt das Drama und die Übertreibung. Diese Bilder erzeugen meist Angst, oder wecken die Begierde in unbewussten Menschen. Oder das übertriebene zur Schau stellen von Reichtum, Sexualität und anderen unersättlichen Begierden weckt die Habgier. Ich glaube, die meisten wissen nicht, wie schädlich die Gedanken sind, die jene vorgesetzten Informationen erzeugen. Die bei unbewusstem Konsum von solcher schwer verdaulichen geistigen Nahrung entstehen! Für sich selbst und jene, die mit ihnen verbunden sind, sei es geistig oder materiell. Andererseits haben die Massenmedien auch etwas Gutes, wenn man sie bewusst zum Informationsaustausch nutzt.

Die Naturvölker leben dichter an der absoluten Wahrheit, weil sie dem Überfluss entsagen und so in Harmonie mit sich und der Welt leben! Der Überkonsum reißt alle Wurzeln aus und lässt so manch einen abheben, der somit nicht mehr mit Gottes Erde verbunden ist. Die Naturvölker kennen es auch nicht, Land zu besitzen. Wie können Menschen Gottes Erde besitzen? Die Menschheit gehört der Erde!

Der technische Fortschritt ist Segen und Fluch zugleich. So schön die Annehmlichkeiten sind, die er erzeugt, desto hässlicher sehen seine Auswirkungen aus. Technischer Fortschritt schön und gut, man sollte sich, wie gesagt, den Nebenwirkungen bewusst sein, den er mit sich bringt und abwägen, ob er unbedingt erforderlich ist.

Die Erde ist bedeutungslos und von unschätzbarem Wert zugleich. Jeder, eingeschlossen du und ich, missbrauchen den uns zur Verfügung gestellten Planeten, bewusst oder unbewusst. Manch einer führt sich sogar so auf, als hätte er noch einen zweiten zur Verfügung. Was natür-

lich eine Illusion ist. Die vom Ego besessenen Menschen sind der Ansicht, was nichts kostet, ist nichts wert. Dabei sind die besten Dinge im Leben kostenlos. Wie die Gott gegebene Natur und Schönheit auf Erden. Kein anderer Planet im Universum, ist den Menschen so lebensfreundlich wie Mutter Erde.
„Du sollst Mutter Erde und Gott Vater ehren, auf dass es dir wohl ergeht und du lange lebest auf Erden."
Man sollte das ganze Geld nehmen, das man in die Luft schießt und es für wohltätige Projekte zum Erhalt der Menschheit und der Erde einsetzen. Das Leid von jedem wäre gelindert, was jeder unmittelbar erfahren kann. Es wird so viel an Energie aufgebracht, um im Außen zu forschen. Nach neuen bewohnbaren Planeten usw. Doch ist die Wahrscheinlichkeit sehr gering, dass sie einen erdähnlichen Planeten finden und erreichen können. Wenn man sich überlegt, welche Distanzen überbrückt werden müssen. Millionen Jahre mit Lichtgeschwindigkeit reisen, oder noch schneller, wobei wir wieder beim rasenden Ego sind.

Es ergibt doch gar keinen Sinn, von der Erde zu fliehen, man ist von ihr im Überfluss gesegnet. Wir sollten nur etwas sparsamer sein und mit den Ressourcen besser haushalten. Der Fluchtgedanke ist nur ein Vorwand, um das schlechte Gewissen zu beruhigen. Man denke auch noch daran, wie viel Abfall dieses Vorhaben mit sich bringt. Wie viele Tonnen von Weltraummüll um die Erde kreisen. Das kollektive Ego sucht verzweifelt nach Ausflüchten und versucht abzulenken, da einige den Abgrund erahnt haben. Doch anstatt im Inneren aufzuräumen, produzieren sie noch mehr Müll im Außen!
Die Verschmutzung der Erde und Atmosphäre mit Treibhausgasen sowie die Verschmutzung der Erdum-

laufbahnen mit Weltraumschrott, „könnte“ eine Widerspiegelung der Verschmutzung des Weltgeistes sein. (Wie im Innen so im Außen.) Durch egozentrische Denk- und Verhaltensweisen wird jede Menge Hässlichkeit erzeugt. Was sich natürlich nicht gerade schonend für Mutter Erde auswirkt. Man sollte die Erde wie eine Kostbarkeit behandeln. Dabei denken einige nur darüber nach, wie man sie noch effizienter ausbeuten kann. Ohne Rücksicht auf Verluste.

Man sollte sich lieber auf die innere Reise begeben und im Inneren suchen. Das heißt, das tiefste deiner unsterblichen Seele ergründen. Vielleicht mag dabei der ein oder andere Zeitgenosse damit weiter kommen, als er denken kann! Schon von langer Zeit war den Menschen klar, dass das, was sie am Himmel beobachten können, (Sonne, Mond, Sterne ...) ein nicht von ihnen getrenntes Wesen ist. Ihnen war klar, dass das ihnen ihr Leben geschenkt hat und weiterhin ermöglichen wird. Wir würden heute Gott dazu sagen. Es ist mir manchmal unbegreiflich, wieso die Menschheit mit der Erde so respektlos umgeht. Ist es die Profitgier, die Habsucht, das Ego mit einem Wort, das uns den Untergang bescheren will?

Aber es gibt noch Hoffnung. Immer mehr Menschen werden an Bewusstheit zulegen. Ich bin das beste Beispiel dafür. Über Dinge, über die ich mir vor ein paar Jahren noch keine Gedanken gemacht habe, fange ich heute an, tief nachzudenken. Ich glaube man erreicht immer das gleiche Bewusstsein in seinem gegenwärtigen Leben, das man hatte, als man aus seinem vorherigen gegangen ist. Und besser noch, man kann darauf aufbauen und Bewusstsein dazugewinnen. Das heißt der Sinn des göttlichen Spiels (Lebens) besteht darin, von Reinkarnation zu Reinkarnation, Bewusstsein aufzubauen.

Man muss mit der Zeit gehen. Das göttliche Gewahrsein wird dem evolutionären Bewusstsein den Weg weisen. Für diejenigen, die glauben wollen.
Aus diesen Grund der Leidensdruck (Wegweiser).
Deswegen ist es außerordentlich wichtig, so bewusst wie nur möglich zu leben. Das Ego kann einen tatsächlich umbringen, oder schwer verletzen, wenn man nicht achtsam genug ist. Doch seid unbesorgt, für jeden der an Gott, mit Hingabe, glaubt, hat er einen Heilplan. Doch man muss die Zeichen der Zeit und seines Körpers verstehen. Und richtig deuten.

In Anbetracht dessen, dass der Mensch den Planeten Erde überbevölkert und aus dem Gleichgewicht bringen kann, sollte man eher auf Qualität als auf Quantität setzen. Das gilt vor allen beim Bewusstsein von jenen, die ihn bewohnen.
Die Menschen, die dem Weltgeist dienen, werden belohnt werden. Pluspunkte für ein gutes Karma.

Ich hoffe, dass mir wenigstens einige bei meinen gedanklichen, wissenschaftlichen Hypothesen folgen können und die Dringlichkeit des nächsten evolutionären Bewusstheitswandels verstehen. Und die Wichtigkeit, sein Wohl unter das Wohl aller zu stellen. Das Gesetz der Harmonie.

Als Beispiel: Wenn das kollektive Ego der menschlichen Weltbevölkerung durch das Bewusstseinswachstum kleiner würde, könnte sich dies zu Gunsten unserer Umwelt bemerkbar machen. Der bewusste Umgang mit Ressourcen könnte auch für eine größere Weltbevölkerung ausreichen, bei sozialer Verteilung. Die größten kollektiven Egos haben selbstverständlich die Industrienationen. Bei ihnen ist besonders viel Einsparpotential vorhanden, was das kollektive Ego betrifft. Man denke an den ökologischen Fußabdruck, der einzelnen Länder.

Die Lösung wäre natürlich, zurück zum Ursprünglichen (back to the basic). Also leben wie die Naturvölker?! Das dies nicht mehr möglich ist, ist einem jeden klar! Solche Forderungen zu stellen, wäre ziemlich unrealistisch, da keiner mehr auf die Annehmlichkeiten der Moderne verzichten will. Das kollektive Ego ist bereits zu ausgeprägt. Jedoch kann jeder für sich entscheiden, wie stark man die Natur belastet, mit seinem Ego.
Der Mensch ändert sich meistens leider erst, wenn er sich ändern muss. Doch jetzt kann man wieder auf einen evolutionären Bewusstheitswandel hoffen. Wenn sich viele ihres Fühlens, Denkens, Handelns bewusst werden und sich der daraus folgenden Konsequenzen für unsere Umwelt bewusst sind, kann sich die Menschheit noch um Schadensbegrenzung bemühen.
Noch ist es nicht zu spät, den vernünftigen Weg zu gehen. Denkt an eure Kinder und an die Kindes Kinder, die ihr selber einmal sein könntet! Ihnen einen lebenswürdigen und freundlichen Planeten zu hinterlassen, sollte die Pflicht sein, eines jeden Erwachsenen, bewusst denkenden Menschen.
Jeder für sich sollte seinen Beitrag dazu leisten, in welcher Form auch immer. Man sollte nicht gegen die kollektive Unbewusstheit ankämpfen. Sondern nur über die Auswirkungen der Unbewusstheit Infomieren. Und am besten selber so bewusst wie nur irgend möglich leben!

Nachwort

Ich möchte jenen danken, die sich die Zeit genommen haben und an ihrem Bewusstheitsgrad gearbeitet haben. Bei jenen, die mich spirituell aufgeweckt haben und in die Kraft der Gegenwart gebracht haben. Ohne ihr Zutun wäre diese Weisheitssammlung nicht möglich gewesen. Das Suchen hat, so hoffe ich, ein Ende, da ich von allen spirituellen Weisheiten die bedeutendsten zusammengetragen habe und mich dabei aufs Wesentliche beschränkt habe. Es müsste für jede Glaubensrichtung etwas Ansprechendes dabei gewesen sein. Die gesammelten Weisheiten sollen als Hilfe dienen und um sich einen Überblick zu verschaffen. Wer ein einzelnes Puzzleteil sieht, kann noch lange nicht das ganze Bild erkennen. Man sollte sich immer mehrere Meinungen anhören, bevor man sich seine eigene bildet. Vor allem, da es heutzutage keine Informationshürden mehr gibt. Alle lehrten mich so tolerant und aufgeschlossen wie möglich zu allem, was lebt, zu sein. Man sollte die Erde nicht durch sein Denken fragmentieren, das heißt, sich nicht als einzelner Mensch fühlen, sondern als Weltbürger. - Nicht sagen, ich komme aus jenem oder diesem Land, sondern ich bin ein Kind dieser Erde. - Nicht sagen, ich bin Anhänger von dieser oder jener Religion, sondern ich bin spirituell und liebe meinen Nächsten wie mich selbst. - Nicht sagen, ich gehöre zu dieser oder jener Kultur, sondern was kann ich von dir lernen, was kann ich dich lehren. Man sollte Gott Vater und Mutter Erde ehren, auf dass es einem wohl ergehe und man lange lebt auf der Erde.

Alle Religionsstifter verfolgten das gleiche Ziel, alle wollten Gott den Menschen näher bringen. Und allesamt haben erkannt, dass es außer dem Materiellen noch was anderes gibt, das Geistige, und dass dort das Heil der Seele liegt. Doch liegt in den spirituellen Wahrheiten etwas Mystisches, meist ein Paradox. Der Verstand kann es nicht begreifen, nur mit dem Herzen kann man es verstehen.

Es sei nochmal ausdrücklich erwähnt: Alle Religionen verfolgen das gleiche Ziel, die Seelen zum Schöpfer allen Seins zurückzuführen. Das Ego trennt, Gott vereint!

Quellenangaben:

Schöpfer allen Seins

Veden, Bhagavad Gita, Bibel, Koran

„Kraft der Gegenwart“ Eckhart Tolle

Internet, Fernsehen...

Zeitfracht Medien GmbH
Ferdinand-Jühlke-Straße 7
99095 Erfurt, Deutschland
produktsicherheit@kolibri360.de